世界文明故事

两河之间：美索不达米亚揭秘

李彦 编著

中国画报出版社 · 北京

图书在版编目（CIP）数据

两河之间：美索不达米亚揭秘／李彦编著 .—北京：中国画报出版社，2009.4（2025.1 重印）

ISBN 978-7-80220-485-0

Ⅰ. 两… Ⅱ . 李… Ⅲ . 文化史－研究－美索不达米亚
Ⅳ .K124.3

中国版本图书馆 CIP 数据核字（2009）第 056643 号

两河之间：美索不达米亚揭秘 李彦 编著

出 版 人：田 辉
责任编辑：王韵如
出　　版：中国画报出版社
地　　址：中国北京市海淀区车公庄西路 33 号，邮编：100048
电　　话：010-88417359（总编室兼传真） 010-88417359（版权部）
010-88417418（发行部） 010-68414683（发行部传真）
印　　刷：三河市兴国印务有限公司
监　　印：敖 晔
经　　销：新华书店
开　　本：700mm × 1000mm 1/16
印　　张：11.5
字　　数：249 千字
插　　图：400
版　　次：2009 年 5 月第 1 版 2025 年 1 月第 2 次印刷
书　　号：ISBN 978-7-80220-485-0
定　　价：78.00 元

两河之间：美索不达米亚揭秘

前言

1953年7月，法国人纳瓦拉登上亚拉山顶时，发现了被认为是诺亚方舟的木板。他将木板取回并送到实验室测定碳-14后，惊讶地发现木板的年代正是《圣经》中方舟建造的年代。诺亚大洪水真的发生过吗？诺亚方舟真的存在吗？

众所周知，欧洲古代文明的最高成就是古希腊文化。当古希腊人还没有迈进文明时代时，两河流域文明就已经延续了约2000年。希腊人后来的许多成就，就是在两河流域文明基础上发展起来的。“美索不达米亚”是古希腊语，意为“两条河中间的地方”，故又称为两河流域。两河指的是幼发拉底河和底格里斯河。这里是人类历史上最古老的文明发祥地之一。

美索不达米亚分两个部分，南边叫巴比伦尼亚，北边叫亚述。今天，伊拉克位于两河流域一带。这是两河文明的诞生地：苏美尔文明、亚述文明、巴比伦文明相继辉煌于世。

两河流域文明时代最早的居民是苏美尔人，他们在公元前4000年以前就来到了这里，两河流域的最初文明就是由他们建立的。属于塞姆语系的阿卡德人、巴比伦人（阿摩列伊人）、亚述人以及迦勒底人，又继承和发展了苏美尔人的成就，使两河流域的文明成为人类文明史上重要的一页。巴比伦人的成就最大，因此，两河流域的文明又被称为巴比伦文明。

这里有人类最早的泥板文字，上面记载了先人的智慧。苏美尔人几乎和埃及人同时发明了文字。他们用削尖的芦苇做笔，把文字刻在泥坯上，然后把泥坯烘干，成为泥板。由于这种文字形状呈尖劈形，所以被称为楔形文字。

这里是《一千零一夜》故事的发生地。两河

流域在文学上的主要成就是谚语、神话和史诗。苏美尔人丰富的谚语有少数被记录在泥板文书上，其中有的反映了当时的社会矛盾和风气，有的是生活经验的深刻总结，如“鞋子是人们的眼睛，行路增长人的见识”等等。而在两河流域苏美尔人的神话中，神也是用了6天创造世界，第7天休息；人的祖先因受了诱惑而犯罪。这些和《圣经》记述有着异曲同工之妙。

这里是《圣经》中所描述的伊甸园。公元前3500年，苏美尔人在两河流域的下游建立了城邦，这是世界上最早的文明发祥地之一，也是世界上最早使用文字的社会。同时，苏美尔人在幼发拉底河流域修建了大量的灌溉工程，不仅浇灌了土地，而且防止了洪水。巨大的灌溉网提高了土地的生产力，使成百万的人从田间解放出来，去从事工业、贸易或文化工作，他们创造了灿烂的古代文明——美索不达米亚文明。

早在5000多年前，两河流域的人们就创造出这样发达的文明。遗憾的是，随着苏美尔地区的历次朝代更替，文明逐渐衰落，使该地区从一个灿烂的文明古国沦为穷乡僻壤。美索不达米亚文明虽然就此一蹶不振，但现在越来越多的人为这个璀璨的文明所吸引。本书正是力求通过生动的文字和珍贵的图片再现5000多年前的美索不达米亚文明。可无论如何，逝去的终究已经逝去。历史中的美索不达米亚究竟什么样，只有靠今人不停地探索寻找了。

目录

第一章
历史从苏美尔开始

公元前约4000年，一系列苏美尔人的城邦国家，建立了最早的城市，健全了国家机器，设立了神庙，告别了漫长的洪荒时代，迈进了文明的门槛。这里是人类历史的发祥地之一。这里诞生了最早的文字和最早的法典，产生了地球上当时最辉煌的人类文明。

美国学者S.N.克勒莫在1956年出版了《历史从苏美尔开始》一书，书中列举了27个证据，来表明苏美尔在历史上的开山之功。这27个证据包括最早的学校、最早的少年犯案例、最早的精神战争、最早的两院民主制度、最早的历史学家、最早的减税、最早的成文法典、最早的判例、最早的药物典籍、最早的农业立法、最早的植物技术、最早的宇宙天文理论、最早的伦理规则、最早的族长、最早的格言、最早的寓言、最早的文学争论、最早的与《圣经》故事相似的传说、最早的方舟制造者、最早的复活神话、最早的屠龙英雄、最早的史诗、最早的英雄时代、最早的情歌、最早的图书馆及其书目以及最早的世界和平与安宁。苏美尔奠定了两河流域古代文明的基础。

◀约公元前3500年，两河流域就创造了世界上最早的文字

苏美尔人

公元前30世纪初，两河流域出现了若干小城邦，长期相互征战。公元前24世纪中期乌玛卢伽尔·扎克西征服广大地区，定都乌鲁克，后为塞姆人的阿卡德王所灭。公元前22世纪苏美尔人再度兴起，建立乌尔第三王朝，统治持续百余年。后为塞姆人的古巴比伦王国取代。

古代西亚的两河（幼发拉底河和底格里斯河）流域南部的苏美尔地区是人类最早的文明发祥地之一。约公元前3500年，该地区就出现了王宫、神庙、文字，产生了国家城市。他们用牛拉犁，用金属镰刀收割，用车子运输；他们发明了楔形文字，创作了美妙的神话和瑰丽的史诗，发明了计算重量和长度的方法，创造了太阴历，等等。

▼公元前6000年以前，两河流域的人们已经可以制造出精美的陶制品了

苏美尔人活动的时期在公元前40世纪末至公元前30世纪末。约公元前2007年，苏美尔人的国家被外族摧毁。考古材料表明：苏美尔人个子矮小，身体健壮，圆颅直鼻，不留须发，和后来移居苏美尔地区的长脸钩鼻多须发的闪米特族人不一样。因为在苏美尔地区没有发现旧石器或中石器时代的遗物，最早的遗物也是属于新石器时代晚期的，而且在约6000年前，波斯湾还深入内地，苏美尔地区大部分还是沼泽，不能居住，所以可以推测苏美尔人是在公元前约4000年移入苏美尔地区的。关于苏美尔人的来源，有种种说法。

▶约公元前3150年苏美尔人的雕刻作品，图案内容丰富多彩，造型奇特

有人认为苏美尔人是从东方山地来的。理由是每个苏美尔人的城市都拥有一座名为“齐古拉特”的

▲在乌鲁克出土的大理石女子头像，素有“美索不达米亚的维纳斯”之称

梯形塔。它看上去如同一层层叠放的砖面，每层都比底下的一层小，以此形成阶梯通向顶端的神殿。有的考古学家认为：这种梯形塔“就是一座山”，它暗示了苏美尔人一定是从多山地区移居过来的，因为造山的人不会生长在平原。到了平原之后，他们发现像家乡那样奉祀神明已不可能，所以在平原上用砖垒起人工的山，通往山顶的阶梯象征着他们曾经爬过的山路，而且苏美尔人的神与神庙的名称常与山岳有关联。

有的考古学家由此推断，苏美尔人可能来自底格里斯河以东的山地。因为在乌鲁克发现的陶器与东方山地古埃兰陶器有相似的地方，某些最古老的城市的名称，如苏鲁克帕和泽母比尔的后缀与埃兰人的安山语也有相似之处。

▶乌鲁克出土的陶制花瓶。上面有精美的人物图案

▼神庙是苏美尔城市的中心，建在高高的金字塔的顶端

◀苏美尔人制造的武器，有黄金短剑、青铜戈和长矛

有人认为苏美尔人来自两河流域北部的草原和丘陵地区。20世纪50年代考古学家在埃尔－欧贝德（乌鲁克附近）和埃里都的一些地方发现比乌鲁克时代还要早的居住地。他们的物质文化与乌鲁克所发现的苏美尔文化有不同之处。从政治与宗教方面看，欧贝德文化与乌鲁克的苏美尔文化似乎是一致的，但是在陶器方面却有显著的不同。欧贝德文化的陶器与两河流域北部草原地带所发现的古代文化遗物有很多相似的地方，并且它们显然是同源的。

还有一种说法是根据苏美尔人自己的传说，认为他们最早的祖先住在第尔蒙岛，这可能是苏美尔以南波斯湾中的一个岛。还有关于深渊之神埃阿的传说中，说埃阿是人鱼形的神，它上溯河流游到埃利都，在那里教人建城（埃利都是苏美尔地区最古老的城市）。根据这种传说，似乎苏美尔人最早应该是从南方来的。

▶公元前3000年苏美尔人制作的老翁的青铜雕像

▼苏美尔人建立了城市，但是主要还是依赖农业的发展，城市四周有很多从事农业生产的农民

吉尔伽美什

▲于伊拉克出土的约公元前8世纪的石雕，吉尔伽美什抱着他刚捉到的狮子，显得勇猛异常

提起美索不达米亚文学，人们总是首先想到著名的《吉尔伽美什史诗》，这部人类历史上的第一部史诗。的确，这是两河流域文学最杰出的作品之一，充分展示了东方文学的巨大魅力，足以令美索不达米亚人民感到骄傲和自豪。

这部史诗的主要部分于19世纪中叶从亚述古都尼尼微出土，经过学者们约半个世纪的发掘整理，到20世纪20年代，这部史诗的泥版已基本复原，翻译和注释也基本完成。我国也已有该史诗的中译本。这里特别要提到大英博物馆的乔治·史密斯，是他首先“发现”并注意到这部史诗的。由于他的成功译读以及在尼尼微遗址的实证考古，人们才注意到这部最古老的史诗，并对其进行翻译和研究。可以说，史密斯为《吉尔伽美什史诗》重新面世作出了杰出贡献。

《吉尔伽美什史诗》是古代两河流域最有影响力的文学作品，这是一首长篇叙事神话史诗，共3000多行，用楔形文字刻在12块泥板上。

传说，在两河流域南部苏美尔地区的乌鲁克城邦，有一位国王叫吉尔伽美什，他三分之一是人，三分之二是神。他总觉得在乌鲁克找不到用武之地，就残酷地压迫和残害人民，以此来宣泄，害得百姓不得安宁。人民忍无可忍，只好向天神反映，祈求天神的帮助。天神知道后，就派了一个名叫恩齐都的半人半兽的怪物，来与吉尔伽美什对抗。恩齐都来到乌鲁克后，两人进行了激烈的搏斗，不分胜负，结果反而惺惺相惜，结成了好朋友。

▶据说这部令人震惊的史诗被刻在了12块泥板上

▲吉尔伽美什正在饮牛，可他却想不到日后正是牛给他带来了巨大的痛苦

吉尔伽美什与恩齐都结成好朋友后，两人为乌鲁克人民立下不少功劳。他们先杀死了沙漠中吃人的狮子，后来又除掉了森林中害人的怪物芬巴巴。这个芬巴巴神通广大，他的喊声就是暴风，他的嘴就是火焰，他的气息就是死亡，他还软禁了女神伊丝塔尔。吉尔伽美什在天神舍马什的帮助下，最终除掉了芬巴巴。

得救的女神伊丝塔尔向吉尔伽美什倾诉了爱慕之情，却遭到了拒绝。伊丝塔尔觉得受了侮辱，于是伊丝塔尔向父亲——最高天神安努告状。安努派了一头力量巨大无比的天牛到乌鲁克城，残害了好几百人。在恩齐都的帮助下，吉尔伽美什最后杀死了天牛。

天牛被杀，更激怒了伊丝塔尔，她在乌鲁克城楼上大骂吉尔伽美什。但英雄并不理睬她，他在幼发拉底河中洗完了手后凯旋，大开宴席。这时候，恩齐都做了一个梦，梦见遭到天神的报复，说他马上会死。几天后，恩齐都真的死了，吉尔伽美什放声大哭，他爱他的朋友胜过世间任何人，他不能让他死去。于是他发誓，非把恩齐都救活不可。

▶吉尔伽美什和恩齐都都是勇猛的战士，这枚图章描绘的是他们与野兽搏斗的场面

▶吉尔伽美什和恩齐都正在与猛兽进行搏斗

◀伊丝塔尔是一位美丽的女神，传说她有七条彩虹般的面纱

死是什么？人能不能不死？世间有没有人知道不死的秘诀？吉尔伽美什认为要找到答案必须要去找他的祖先塞苏陀罗。因为他是洪水过后唯一逃过死亡的人。吉尔伽美什历尽千辛万苦，在海上经受了大风大浪，到第40天的时候，终于来到世界的另一端，找到了祖先塞苏陀罗。塞苏陀罗把如何由神指引得救，如何因保全人种而获长生的故事讲给他听。在他临走时，塞苏陀罗还把起死回生、长生不老的药赠给他。

吉尔伽美什拿着药欢天喜地地往回走。快要到家时，经过一条河，由于长途跋涉，他想先洗个澡除去疲劳，再回去救他的朋友。不料，在他洗澡时，他放在岸上的药被一条蛇偷吃了。

吉尔伽美什失魂落魄地回到乌鲁克，见庙便入，见神便拜，唯一的请求就是让恩齐都还生片刻，因为他还有许多话要对他说。神被他的虔诚感动了，就让恩齐都复活了，两个好朋友终于又在一起畅谈。吉尔伽美什问："死后是什么情况？"恩齐都说："不能说。如果把我的所见所闻告诉你的话，你会吓昏过去的。"吉尔伽美什坚持要听，恩齐都只好叙说起地狱的情况。整个史诗便在恩齐都的叙述中结束了。

故事迂回曲折，情节跌宕起伏，语言十分优美，生动地反映了人们探索生死奥秘这一自然规律的愿望，也表现了人们反抗神意但最终难逃失败的悲剧色彩。尽管史诗带有浓厚的传奇色彩，但在一定程度上反映了某些真实的历史过程。在巴比伦时期的泥版以及石刻中，许多是以吉尔伽美什的传奇故事为题材的，说明该史诗不仅有很高的文学价值，而且也有重要的史学价值。

▶《吉尔伽美什史诗》给后人留下了无限的遐想，这幅画就是人们根据这部史诗的描写而作的，画中描绘了吉尔伽美什出征的场面

▲刻在岩石上的楔形文字

楔形文字

虽然曾经辉煌，但是自16世纪以来，美索不达米亚就一直属于奥斯曼帝国。由于受到君士坦丁堡（今天的伊斯坦布尔）君主的极大忽视，它事实上已沦为了帝国的一块充满邪恶的死角。在这里，土匪抢人，酋长好斗，地方官员受贿，政府官员腐败；沙漠灼热，狮子四处觅食；霍乱、痢疾一类的传染病到处流行。美索不达米亚危机四伏，去那里旅行简直就是冒险。

▲刻满楔形文字的泥板和泥封。文字的内容记录了一桩关于分割财产的案件

然而，仍有一些胆大好奇者冒险探索了这块历史上有口皆碑的胜地。最早的探险者是一位名叫凡勒的意大利人，他于1616年进入美索不达米亚。安全返回了欧洲后，凡勒带回了许多苏美尔人留下的陶碑。在陶碑上刻有一些文字，这是一种欧洲人从来没有见过的新的文字。由于这种文字呈楔形符号，又是刻在陶碑上，所以后来被称为楔形文字。它后来被誉为文明的火种。

关于楔形文字起源的传说一直流传到现在。

▼美索不达米亚壁画。伊南娜被南纳一丝不挂地关押在地狱里，忍受着折磨

传说中，伊南娜是天上的女王、乌鲁克城的保护神。她是一个倔强的女神，想做的事情就一定想尽办法做到。在她做乌鲁克城保护神的时候，智慧之神安启住在阿普苏，即深不可测的大海之中。他已建造好苏美尔最古老的城市埃利都，并把他创造的具有重要价值的神圣礼仪储藏在那里。伊南娜决定用友好的或者非友好的手段得到全部的文明礼仪，使她的城市享有不朽的光荣。

于是，她亲自前往埃利都的阿普苏，面见智慧之神安启。伊南娜款款地来到阿普苏，她亭亭玉立，光彩照人，安启远远地看到她，顿时为她那倾国倾城的美

▲美索不达米亚出土的玄武岩浮雕，月神的女儿伊南娜王冠中有一弯新月，身后像玉米秆似的条纹象征她所发出的万丈光芒

貌所倾倒。他召唤身旁的伊斯麦德，对他说："我的使者伊斯麦德，听我吩咐，按我的话去做。瞧那个朝阿普苏走来的美人，瞧那个独自向阿普苏走来的伊南娜，快去迎接她，献上清凉的甜水解除她一路的劳顿，献上椰枣酒为她洗尘。赶快去准备酒宴，神圣的天神之宴，我要隆重地欢迎她。"

▼战神伊南娜青铜塑像。她手捧着盛满甘露的容器，将滋润万物的生命之水赐与人类

伊斯麦德遵从安启的吩咐，把一切安排妥当。安启热烈地迎接远道而来的温柔使者，请她坐在自己的身边。望着娇媚的伊南娜，安启心旌摇荡，神魂颠倒。他不停地劝酒，自己喝得满脸绯红。他迷迷糊糊，心里只想着怎么讨好身边的美人，让她高兴。他不假思索地高声喊道："以我的名义，以我无比神力的名义，我要把神权、伟大神圣的王冠和宝座送给我纯洁无瑕的女儿。亲爱的伊南娜，请接受我的一点小意思！"伊南娜一听，喜上心头，赶快站起身来，接受馈赠。她刚刚坐下，安启又大声宣布："以我的名义，以我神威的名义，我把伟大神圣的王权

▼这是一枚印章，描绘的是女神伊南娜与太阳神乌图和水神恩基在一起的情形，每一个人物都栩栩如生

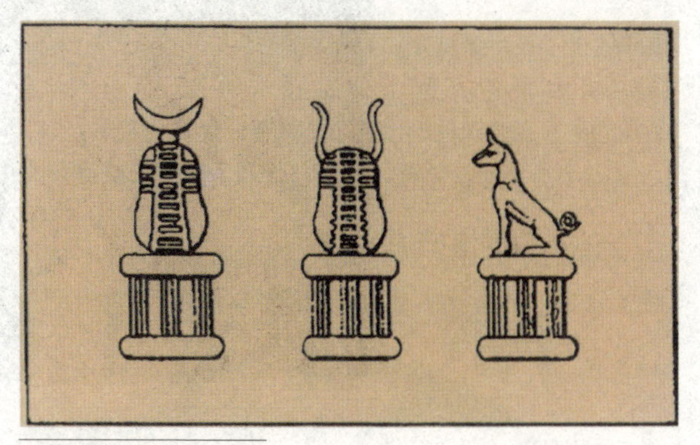

▲美索不达米亚人祭坛的月相，图案从左到右依次代表了上弦月、满月、下弦月

的象征王笏送给伊南娜。我的孩子，拿去吧！不要客气。”伊南娜又站起来接受礼物。安启在美酒女色的刺激下，昏头昏脑异乎寻常的慷慨。他一而再、再而三地大声呼喊。最后，一共把一百种神圣的东西赠送给了伊南娜。伊南娜乐不可支，她怎么也没想到会如此轻而易举地得到她梦寐以求的东西。她不敢在宫廷久留，千恩万谢之后，赶快告辞，起身返回乌鲁克。伊南娜小心翼翼地把全部礼品装上天舟，扬帆疾驶。这些礼物包括神权、王权、不朽的王冠、王位、王笏、伟大的神圣地位、神对万物的关照权、大洪水、上天庭与下地狱的自由、祭司的多种职能、侍奉天庭的神妓、音乐与乐器、艺术、木匠铁匠的手艺、织网和金属冶炼等技术、写作、真理、真诚、正直、善良与公正、格言与智慧、好话与坏话、判断与决定、英雄与力量、伪造、敌对、骚乱、城市的毁灭和惩罚、愉悦、忧虑、胜利的欢呼、旗帜、指令、壮年、富饶等等。其中就包括了为后世流传的楔形文字。

▼楔形文字一般刻在泥板上，泥板背面光滑无字

以上只是神话传说，根据考古学研究，楔形文字是公元前3500年左右，由苏美尔创造的一种文字。这种文字多刻写在石头和泥板上。古代西亚的阿卡德人、巴比伦人、亚述人、波斯人等，都曾使用过这种文字。它是刻在石碑上的文字，它记载着悠久的古文明历史，具有无穷的魅力。

之所以把古代苏美尔人的文字叫楔形文字，是因为文字的形状头尖尾宽，呈楔子形状。培德罗是17世纪一位意大利的商人和旅行家，他在波斯皇宫中发现并临摹了楔形文字，带回欧洲加以研究。格罗铁芬是18世纪哥廷根的一位中学教师，他首先释读出这块文书，破译出几个古代帝王的名字，并根据他们的事迹又认出了一些文字。这种文字由苏美尔人创造，萨尔贡的阿卡德王国征服这个地区后，也沿袭使用这种文字，并在西亚的一个闪米特民族中使用，甚至后来的波斯大流士帝国还使用这种文字。

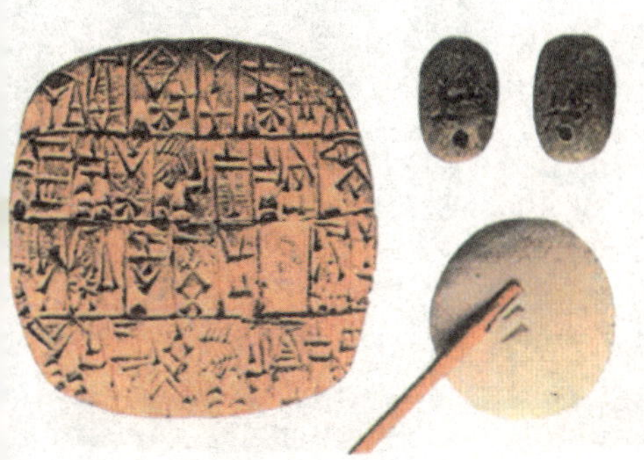

◀楔形文字泥板。这里展示的是楔形文字的制作工具

一般人认为文字的起源由图画象形到符号表意，再发展到字母标声。考古学家们也是这样看待苏美尔人的楔形文字的。考古学家根据

文字发展的规律推定楔形文字是一种象形－表意文字，因为在较为原始的楔形文字中找到了许多从图到字的演变过程。打鱼的人画鱼，放牧的人画牛，由图画变成符号就产生了文字。因此，传统的考古学家和历史学家认为楔形文字起源于当地特殊的渔猎生活方式。

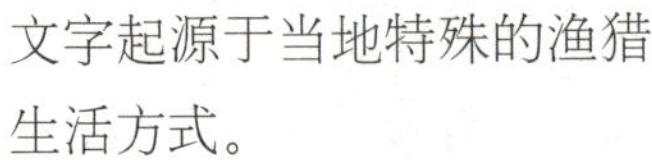

▲闪族人的陶片饰品，图案中的动物是月亮牛和狮头太阳鹰

▼遗址中出土的陶罐。苏美尔人将刻有楔形文字的泥板贴在陶罐上，既起到装饰的作用，又便于保存

然而近年来考古天文学家认为楔形文字起源于6000年前的一次天文事件——船帆座X号超新星的爆发。乔治·米察诺斯基是一位古代苏美尔学专家，经过对楔形文字的详细研究，他发现一个现象：较早的泥版文书记载中大量地出现对同一颗星的记录。他提出古代苏美尔文明的起源同这颗星有关。

理查德·斯特塞是美国国家航空和宇宙航行局的天文学家，他经过精确计算后指出，米察诺斯基所说的这颗“文明之星”就是6000年前爆发的超新星。它是人类记忆历史上最大的一次天文事件。它爆发的那一天，超过了白天太阳的光芒。晚上，天空中又出现了两个月亮，在水面上拉开一条长带伸展到苏美尔人居住的海边。

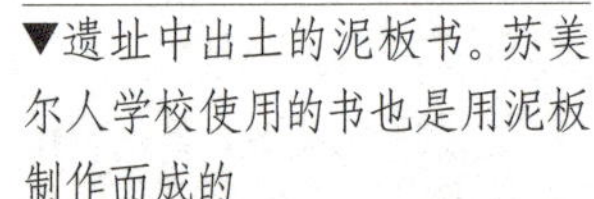

▼遗址中出土的泥板书。苏美尔人学校使用的书也是用泥板制作而成的

古代闪米特族人的神话中有许多天使是从天上降到波斯湾，然后循着一条光带来到他们中间。专家们认为这正是这一事件影响的反映。关于这颗星的谈论和复述演化成了神话和宗教。关于这颗星的图画演化出了最初的文字。专家们果然发现，在楔形文字中最早和最多使用的两个字是“星”和“神”。这两个字十分相似，同出一源。

当然，这也只是一家之言，关于古代楔形文字的起源的争论还在继续。

▶楔形文字前身的泥板。类似于中国古代的甲骨文一样难懂的文字

希伯来人

▲古代希伯来文手抄稿。记载着犹太人的沧桑过去

古代的巴勒斯坦相当于今天的以色列和约旦两部分。据希伯来人说，这里是上帝给他们的一个“许愿之乡”，是“奶与蜜流经之地”。即这里原来是自然环境不错的地方。学者们估计，可能是由于兵祸不断，无人照料土地，沙漠得寸进尺，使今日的巴勒斯坦除少数绿洲外，大都是不毛之地。这也给希伯来人的悲惨的命运史添加了神秘的色彩。

希伯来人意即河那边来的人，属塞姆语系或闪米特语系。他们虽是古代西亚文明舞台上的配角，而且灾难深重，但他们对后世的影响却是深远的。

希伯来人何时来到巴勒斯坦，尚不能确知。据《圣经》记载，希伯来人祖先亚拉伯罕于公元前20世纪初，率希伯来人从两河流域来到巴勒斯坦地区，后因遭遇饥荒，希伯来人迁居埃及，并在那里住了数百年之久。开始时，他们同埃及人的关系还不错，后因喜克索斯人入侵埃及时，他们为入侵者提供过帮助，所以，在埃及人把喜克索斯人驱逐出去后，希伯来人从此厄运降临，被降为埃及人的奴隶。公元前13世纪，法老拉美西斯二世为修建庙宇，对希伯来人实行强迫劳役和残酷剥削，希伯来人的处境更加恶化。于是，希伯来人在其首领摩西的率领下，摆脱埃及人的追捕，历经千难万险，终于又回到巴勒斯坦。

▼强大的亚述骑兵让以色列人国破家亡

巴勒斯坦原来的居民是迦南人，也属于塞姆语系，他们从公元前3000年就在这里居住，并受两河流域的影响。希伯来人在巴勒斯坦与迦南人进行了长期的斗争，占领了迦南人很多地方，一部分迦南人同希伯来人相融合，另一部分迦南人与

◀埃及壁画的复制品。描绘的是闪族人或希伯来人到埃及进行贸易往来

希伯来人则长期为敌。

希伯来人征服迦南人后，还尚未形成国家，或者说还处在部落联盟阶段。他们有两大部落，住在北方的部落称以色列人，住在南方的部落称犹太人。他们的部落联盟时代，相当于《圣经》上的“士师时代”，所谓“士师”，就是希伯来人的先知、统帅和救世主三位一体，实际就是军事民主时代的军事首领。这个“士师时代”大致是希伯来人占领迦南到扫罗称王，即公元前1230—前1020年，所以，希伯来人是在公元前11世纪时形成国家的。

希伯来人的历史大体有如下特点：

一、力量弱小，独立时期短

公元前13世纪末，“海上民族”横扫东部地中海地区，其中的一支腓力斯丁人进入巴勒斯坦地区，处在“士师时代”的希伯来人，与腓力斯丁人进行了激烈的斗争，在这一斗争过程中，希伯来人产生了建立强有力机构的需要，要求由一个超过“士师”权力的人来率领他们与腓力斯丁人进行斗争。加上当时希伯来人已发生阶级分化，出现了私有制，于是，人们推举以色列人扫罗为王（公元前1020—前1000年），所以，希伯来人的国家是在反腓力斯丁人的斗争中形成的。

▼米开朗琪罗创作的摩西雕像

扫罗为王之后，建立了一支强大的军队，同腓力斯丁人的斗争取得了一些胜利。但扫罗为王引起最后一个士师撒母耳的不快，也引起受扫罗歧视的犹太部落首领大卫的不满。在撒母耳的怂恿下，大卫率

▲迦南人画像

领的军队背叛扫罗，投靠腓力斯丁人，使扫罗在战争中遭到惨败，扫罗及其三子死于军中，扫罗尸首被腓力斯丁人悬挂城头示众。

扫罗死后，其子伊施波什继位，因以色列实力大为削弱，犹太人首领大卫乘机为王（公元前1000—前960年）。他上台后，首先依靠腓力斯丁人的力量统一以色列和犹太，然后又采取办法消除以色列人对犹太人的积怨，使以色列臣服于他，同时又与腓尼基的推罗城结盟，开始了反腓力斯丁人的战争。大卫把腓力斯丁人赶出巴勒斯坦，又从迦南人手中夺取耶路撒冷，从而建立了统一的以色列犹太王国。

大卫在位40年，经常发动对外战争，他的强有力的统治和显赫的战绩并非全是民众的幸福，赋税和兵役不可避免地加重了，结果是大卫尚未去世，王国的某些地方已怨声载道。

大卫死后，其子所罗门继位（公元前960—前930年），他上台后，将王国划为12个行省，建立起税收和劳役制度，并加强了君主专制制度。他同埃及和推罗结为盟友，积极发展海外贸易，他广召工匠，在巴勒斯坦修建城市和豪华宫殿。他还作诗1500余篇，后人采用为箴言者为数竟达3000个以上。可能是出于一种民族主义感情，后来的犹太人把大卫和所罗门描绘为犹太人历史上最伟大、最英明的君主。

当然，这两位君主统治时期确实是犹太人的黄金时代，但他们的所作所为并不是贤君行为。所罗门在耶路撒冷建造的宫殿神庙，可谓靡费的产物。宫殿是以巨石砌成，每方均达15英尺，殿四壁全为亚述式装潢。宫殿千门万户，仅后宫就养着700位皇后和300位嫔妃（史家估计王后是80人，妃是60人，但这也是个可观的数字了），宫殿还附设兵工厂，还有养着4000匹马的马厩。宫殿的建造费时13年。神庙虽只有宫殿的1/4大小（长124英尺，宽55英尺，高52英尺），但所用

▶女神阿施塔特雕像。她被以色列妇女尊奉为天后，在她的塑像头顶有牛角一样的一弯月牙

黄金达5000塔兰特（1塔兰特约合26千克），白银1万塔兰特，其他珠宝应有尽有。

▲所罗门时代是强盛的，在他的带领下，国家物产丰富，人民富裕，国力强大

圣殿的外形由腓尼基建筑师采自埃及，装潢一部分是巴比伦情调，一部分是亚述风格。据说圣殿内还有100个纯金盒子和两个纯金铸的天使，使殿内金碧辉煌。建造圣殿动用的民工达15万之众，费时7年多，所用建材多依靠进口。如此巨额的工程费用，必然会加重百姓负担，但所罗门出身犹太人，所以他把这些赋税和劳役大部分摊到以色列人头上，可是以色列人也会有负担不堪之时。

所罗门为抵偿外债，竟割让20个城邑，又每隔三个月，抽丁3万送往腓尼基，去推罗的森林和矿山服役。这必然会激起民愤。所以，所罗门一死，民众就开始起事，受到不公正待遇的以色列首先脱离统一王国，另建以色列王国，定都撒马利亚。犹太王国则仍以耶路撒冷为都城。这两个小王国的分裂状态一直保持了200多年后，公元前722年，亚述人消灭了以色列王国，并将其居民按移民政策分散迁入亚述各地。可能是与亚述居民同化的缘故，人们称这些散布到亚述各地的以色列人为“失踪的以色列人”。犹太王国虽然好不容易又维持了100多年，但在公元前586年，新巴比伦王国灭犹太王国，并向亚述学习，把犹太人掳往巴比伦，这就是历史上有名的“巴比伦之囚”事件。

▼装有死海古卷的陶瓮

◀在死海发现的古经卷，据说里面藏有所罗门财宝的秘密

二、灾难深重，屡遭外敌入侵

既然力量弱小，独立时期短，就意味着要受外族宰割，希伯来人可谓屡遭磨难，主人不断更换。他们的外敌或主人依次为：

第一个外敌是摩西时代的埃及人。希伯来人是为躲避灾荒才到埃及的，但到埃及后，不久就遭受灾难，只好重返家园。

第二个外敌是腓力斯丁人。这个外敌被希伯来人成功地驱逐出去了，这大概也是希伯来人仅有的一次成功。不过，在反腓力斯丁人的斗争中，以色列人和犹太人之间也埋下了不和的种子，加上大卫和所罗门对以色列人的歧视性政策，统一王国维持的时间过于短暂，仅70年。

第三个外敌是亚述人（公元前722年）。亚述人虽然只消灭了以色列王国，但犹太王国的代价也很沉重，据说他们用成吨黄金的赎金才保住了弱小王国的独立。

第四个外敌是新巴比伦人（公元前586年）。这个外敌不仅灭了犹太王国，还把圣殿的金银珠宝掳光，并制造了“巴比伦之囚”事件，所以在《圣经》中，尼布甲尼撒是世界上最坏的、并饱尝报应的君主。

▼公元前800年左右的亚述帝国晚期，巴比伦国王马杜克·扎西尔·苏密颁布的一张土地特许凭证

第五个“主人”是波斯人（公元前538年）。之所以称主人，是因为波斯人释放了“巴比伦之囚”，并让犹太人重返家园。这样，居鲁士便被犹太人称为“涂圣油的王”。不过，居鲁士放囚并非完全出于对犹太人背井离乡的同情或出自个人的仁慈，而是计划将耶路撒冷作为进攻埃及的跳板。但犹太人成为囚人后，曾梦想返回家园，犹太人的先知便迎合这种心理需要，宣扬救世主不久要降临人间，拯救犹太人重返家园，居鲁士的放囚正好吻合了这个预言，这一历史巧合便是犹太教发展的因素之一。

▲所罗门像

第六个外敌是亚历山大帝国（公元前332—前323年）。亚历山大消灭波斯帝国后，巴勒斯坦地区从属于亚历山大帝国。

第七个外敌是托勒密王国（公元前323—前198年）。亚历山大帝国崩溃后，犹太人居住的地区从属于亚历山大部将托勒

密建立的埃及王国。

第八个外敌是塞琉古王国（公元前198—前167年）。这是亚历山大部将塞琉古在西亚建立的王国，该王国曾疯狂迫害犹太人，引起犹太人起义，所以在公元前167—前64年，犹太人有过一段独立时期。

第九个外敌是罗马帝国（公元前64—公元476年）。该帝国也疯狂迫害犹太人，并迫使犹太人不得不散居各地。传说中耶稣就是被罗马帝国钉死在十字架上的。所以在罗马帝国时期，犹太人就把犹太教发展为世界性的宗教，即基督教。继罗马帝国后，犹太人散居世界各地，成为世界上背井离乡的唯一的无祖国的民族。但这并不是犹太人多灾多难的最后一幕，因为以后还有众所周知的希特勒的疯狂迫害，直到1948年建立以色列共和国。看来，犹太人虽然灾难深重，但他们与世界文明舞台共始终。

▲十字架上的耶稣图

三、留下了影响深远的文化

希伯来人虽然不及两河流域人和埃及人那样有科学才能和艺术造诣，但他们给后世留下了影响深远的文化，即举世闻名的《旧约全书》。虽然这是一部宗教经典，但实际上仍有许多世俗成分，说得确切些，《旧约全书》也是希伯来人的历史、哲学、文学、法律等方面的典籍。难怪现在有《圣经》学，甚至《圣经》考古学。

说到对后世的影响，首先是在宗教方面，如前所述，犹太教是基督教的重要基础之一，包括其经典，也全部继承。

其次是在历史方面，《旧约全书》所载的许多故事，并非全是虚构的神话故事，它有一定的历史内核。至于《创世纪》，直到今天，仍被信仰基督教的人视为历史哲学。

第三是在文学方面，《雅歌》是属于年轻人的，专谈爱情。《箴言》是属于老年人的，充满了人生哲理。至于《约伯记》，常被视为文学方面的最高成就，这篇作品的中心主题是“怎么正直的人会遭受苦难而恶人却养尊处优呢？”有

▼这里就是《圣经》中提到的朱迪亚沙漠，景色优美，根据文献记载，这个地方在古代气候温和，是一片绿洲

的学者认为，这是全人类的著作，是最先探讨严肃社会问题的文学作品。所有这些作品，是西方文艺复兴以来最有影响的启蒙文学作品。

第四是在哲学方面，《传道书》中已有如下一些哲学思想：一是机械论，认为宇宙是一种毫无目的的转动不息的机械，日出和日落，出生和死亡，只不过是无休止地反复轮回；二是宿命论，认为人是命运的玩物，“快跑的未必能赢，力战的未必得胜，智慧的未必得粮食，……所临到众人的，是在乎当时的机会”；三是悲观主义，认为一切都是精神空虚和烦恼，虽然智慧胜于愚蠢，但这不一定是通向幸福的闸门，因为所知越多，对苦难也就越敏感；四是节制，“不要行义过分，……不要行恶过分”等等。所有这些思想，熟悉今日西方哲学思想的人，不难看出其继承关系。

▲在这个手工编织品中，就有来自《圣经》中的人物，由此可见《圣经》的影响之广

▲一个手捧《圣经》，吹着用公羊角制成的号角的老人。是一种在犹太宗教节日上的装扮

第五是在法律方面，《申命记》的核心《重审之法典》有不少法律条文，如要求宽厚对待穷苦人和外邦人；法官和其他官员应由民众选举，禁止他们接受礼物和任何形式的偏袒不公；不许以父亲之罪株连子女等。所以有的学者说，《圣经》已有平等、博爱、法律面前人人平等、民主政治、尊重人权等思想。

至于艺术，前面已提到，他们虽无这方面的才能，但《圣经》中的故事，是达·芬奇、拉斐尔等文艺复兴以来的艺术大师们取之不尽的艺术素材。

总之，希伯来人的文明虽然充满了埃及人的风格和两河流域人的情调，但无疑也有自己的特色，他们可能是古代西亚各民族中唯一关心来世的民族，尤其是《旧约全书》，对后世的影响比较深远，以至于有些西方学者认为，如果没有希伯来人的遗产，西方文明将完全是另一个样子。

▶耶稣被钉死在十字架上的油画

希伯来人的领袖

苦难的希伯来人一次次地抵抗了外来的压迫，在他们伟大首领的带领下寻找着属于自己的乐土。

▲描写耶稣降生的图画

耶稣诞生前的1300年左右，希伯来人在尼罗河三角洲西部过着安乐的日子，受到埃及历任君主的保护。

不过，到了公元前1304年，塞提一世登基为法老之后，埃及境内的希伯来人已经增加到数百万名之多，在他看来，这简直就是王国的心腹大患，于是他便想将这些人贬为奴隶。

“我很担心这些希伯来人有一天会起来作乱，”他对大臣们说，“为了防患于未然，还是让他们去当奴隶算了！如此一来，他们的人数就没有办法再增加，而且还会穷得跟埃及一无所有的贫农一样。去！照我的吩咐去办！”

希伯来人由原来的自由身转眼间就沦为了阶下囚。希伯来人的奴隶生涯，从此开始。

他们马上被派去从事极其劳苦的工作，女人下田播种，男人挖黏土来做砖头，连小孩子都得帮忙推车。无情的塞提一世对他们十分鄙视凶残，给的食物虽然够吃，却非常粗劣。尤其是在夏季，白昼变长，工作的时间无止无尽。尽管所有的状况都企图要把希伯来这个民族一点一滴地消灭殆尽，然而他们的抵抗力却是那么的旺盛，出生率甚至不降反增，人数变得比过去还多。法老一听到这个消息，按捺不住满腔怒火，竟做出一个可怕的决定：“叫埃及人的产婆去帮那些即将临盆的希伯来女人接生，

▼帝王谷内最大的陵墓——塞提一世陵墓

◀犹太人虽身受摧残，但精神上的反抗从没有停止过，画中表现的就是犹太人与埃及法老激烈争论的场面

如果是男孩的话，格杀勿论！”

这个消息立刻传遍全国。希伯来的父母绝望地哭喊，满怀怨怒，却又无能为力，只能眼睁睁地望着尼罗河水面上载沉载浮的小尸体，把泪水全吞进肚子里。然而，其中一个母亲却把她刚出生的儿子藏了起来。埃及兵一接到密报，便过来搜查。

“他早死啦。”那妇人含着泪水说。

接下来的3个月里，她偷偷地喂他母奶，抚养那孩子，只要孩子一哭马上就哄住，免得被埃及人听到。只见那孩子越长越壮，做母亲的不得不想办法把他安置到别的地方去，不然万一被卫兵们发现了，法老的愤怒一定一发不可收拾。于是她拿了些纸莎草编成一个摇篮，并在篮子里涂上石漆和石油，防止篮子渗水。她怀着一颗破碎的心，把孩子抱进摇篮里，走到河边，将篮子放在平静的尼罗河水面上，幸好被法老的大女儿蒂迦公主所救，并抚养他长大，给他取名为摩西。

于是摩西就在埃及人的王宫中度过了童年和青少年时期。他和蒂迦的小弟弟拉美西斯一块儿玩耍长大，并由于小王子的关系，得以接受同样的皇家教育，学会读书和写象形文字。他也从蒂迦公主的话中，得知了自己的身世。他决定带领希伯来人逃离埃及。摩西对希伯来人说，只

▶画中描绘的是发现婴儿摩西的情景

▲据说上帝在传给摩西《十诫书》后，摩西带领犹太人逃出埃及，找到了属于自己的乐土

有回到迦南，才是唯一的出路。

但是要回迦南，大多数希伯来人没有勇气同勇猛强悍的迦南人进行战斗。摩西只好带着希伯来人到处流浪。40年过去了，摩西已经成为一个衰弱的老人。过了不久，摩西去世了。接替摩西领导希伯来人的是约书亚。这时希伯来人的新一代已经成长起来。经过长期艰难生活的磨炼，年轻的希伯来人个个成为强悍勇敢的战士。约书亚带领他们经过无数次的战斗后，终于渡过了约旦河，在迦南定居下来。

约书亚之后的希伯来人的首领，是一位名叫参孙的勇敢的战士。参孙的力气非常大，能空手撕裂猛狮，据说曾经用一块驴肋骨打死了1000个敌人。参孙死后，希伯来人仍旧生活在动荡之中。而且当时的希伯来人还分成了许多小部落，其中较大的部落，一个叫以色列，一个叫犹太。由于一直没有一位能够使所有希伯来人都佩服的人出现，在很长时间里希伯来人的各个部落都没有统一的领袖。

正当希伯来人处于分裂状态时，来自地中海沿岸岛屿的一个叫作腓力斯丁的强大部落，向希伯来人发动了进攻。希伯来人没能抵挡住腓力斯丁人的进攻。连本族的圣物“约柜”，也让腓力斯丁人抢走了。在这时候，有一个名叫扫罗的勇敢的年轻人，在一次迎击敌人的进攻中表现得十分勇猛、机智和果断，成了全体希伯来人尊敬的英雄。全体希伯来人一致推选他为希伯来的新王，为他举行了希伯来人最隆重的涂油圣礼，把油涂在扫罗的身上，承认他为希伯来人的最高首领。后来，扫罗王因为在一次战斗中失败而自杀了。

扫罗死后，一个曾经当过强盗头、有勇有谋、名字叫大卫的青年登上了王位。大约在公元前1000年，大卫率领犹太人将腓力斯丁人打败，并从腓力斯丁人手中夺回了圣物“约柜”。

▶这幅画表现的是《圣经》中描写的约书亚带领人民与亚摩利人战斗的场面

不久，大卫的军队又攻下迦南人的一个叫耶路撒冷（意思是“和平之城”）的小城市。因为大卫出身犹太部落，他就把他建立的国家称为犹太王国，并把首都建在耶路撒冷，将圣物“约柜”供奉在耶路撒冷的神殿中。

大卫死后，他的儿子所罗门继承了王位。所罗门是一个很聪明的国王。我们都听过关于所罗门判定“谁是孩子的母亲”的故事。内容是说：

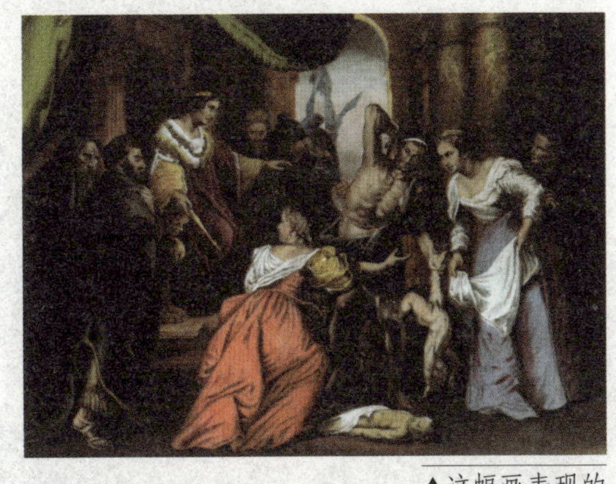

▲这幅画表现的就是所罗门判定孩子母亲的故事

有一天，一名官员带着两个妇女和一个孩子到所罗门那里。他对所罗门说，这两个妇女都说孩子是自己的，他无法判定，因此他只好将她们带到这里。所罗门稍想了一下，就对手下人说，既然无法判定谁是孩子的母亲，那就用剑将孩子劈成两半，两人各得一半。这时，其中的一个妇女大哭起来，向所罗门请求，她不要孩子了，只求不要伤害孩子，另一个妇女却无动于衷。所罗门哈哈一笑，对那个官员说：“现在你该知道，谁是那个孩子真正的母亲了吧！任何一个母亲都不会让别人伤害自己的孩子的。”所罗门同时也是一个比他父亲更加追求享受的国王。他下令继续修建许多的宫殿和神殿，其中最宏伟的是位于耶路撒冷小山上的宫殿和犹太教圣殿。耶和华的“约柜”也被送到新落成的圣殿中。

▲所罗门是历史上非常有智慧的国王，他带领聪明的人民使耶路撒冷成为最富庶的城市

▼这幅画表现的是示巴女王朝见所罗门的情景

第二章

古巴比伦文明

巴比伦数千年来在中东地区始终焕发出无法抵挡的神秘魅力，它是古老文明的发祥地，也是近代不断征战的角斗场，持续不断的考古工作在这里进行着。

流转的岁月用漫天的黄沙掩盖了这一文明存在过的所有证据，寻找了几十个世纪的人们不能找到其任何蛛丝马迹，因此人们只能哀叹这文明已随风而逝。但是随着最近两个世纪的考古工作的巨大进展，古老的城垣重见天日，死去的文明复活了。神秘的古巴比伦文明被渐渐地揭开了神秘的面纱。

▼后来的西方人制作的古巴比伦人作战的图画。他们已经驯化了野马，利用马拉着四轮战车作战，很短的时间内就征服了两河流域的大部分地区

汉谟拉比

▲后人制作的汉谟拉比头像

汉谟拉比，古巴比伦王国国王。在位时（公元前1792—前1750年在位），推行军事征服政策，统一了两河流域的大部分地区，缔造了古巴比伦国的强盛时期。其中，他颁布的《汉谟拉比法典》是人类迄今发现最早的法典，因此他被人们称为“巴比伦的太阳”。巴比伦城邦位于幼发拉底河中游，扼西亚贸易的要冲，因此其名字的意思是“神之门户”。境内土地肥沃，水源丰足。这里于公元前1894年建立了古巴比伦第一王朝，但因为弱小而不得不时而依附这一邻国，时而向那一邻邦称臣。

汉谟拉比是巴比伦国的第六代国王，正是这位后来的所谓“世界四方之王”的雄才大略才使巴比伦一跃而成为两河流域显赫一时的大国。当汉谟拉比继承王位时，巴比伦仍向北方的亚述称臣，其领土范围，长不过120或130公里，宽只有32或33公里。但他志向高远，制定法律、修筑城墙、重建神庙、积聚实力、消弭内争。

汉谟拉比采取灵活多变的策略，利用各城邦之间的矛盾，集中力量，各个击破。首先，他继续承认亚述的统治，同时与北方的马里、南方的拉尔萨结成联盟，联合马里、拉尔萨的联合力量，灭掉了南方的近邻伊新。随后联合幼发拉底河流域许多的城邦，征服了一些游牧部落，同时发展与东地中海城邦的贸易和外交关系。

当时马里国王是吉姆里利姆，汉谟拉比与他互称“兄弟”，约定行动一致、互相支援。马里摆脱亚述的控制，击退草原部落和东部邻国埃什努那的入侵都获得了汉谟拉比的帮助。公元前 1765 年，汉谟拉比对拉尔萨发起最后的攻击。他围攻拉尔萨的最后要塞数月，终于灭掉了这一长期的劲敌，国王黎姆新不得不逃奔埃兰。

拉尔萨的灭亡震惊了马里等邻国。马里国王立即召回和巴比伦人一起在拉尔萨作战的部队。但此时他已经无法控制巴比伦的崛起，在灭掉拉尔萨之后，汉谟拉比挥师直逼马里，吉姆里利姆不得不臣服于汉谟拉比。两年后，汉谟拉比借吉姆里利姆举兵反叛的时机，将繁荣昌盛的马里夷为平地。汉谟拉比节节胜利，对亚述发动了攻击，占领了其南部领土。在汉谟拉比在位的第 38 年，他用决河屠城的手段攻灭了埃什努那。

汉谟拉比花了 38 年的时间，创建了一个从波斯湾至地中海沿岸的中央集权的奴隶制帝国。他自称“强大之王，巴比伦之王，阿穆鲁的全国之王，苏美尔、阿卡德之王，世界四方之王”。公元前 1750 年，汉谟拉比病逝。

▶汉谟拉比做祈祷时的雕像

▲《汉谟拉比法典》石柱，这是迄今为止保存最完整的成文法典

汉谟拉比法典

▲《汉谟拉比法典》上部的浮雕是太阳神将象征着帝王权力的权杖交给汉谟拉比，有君权神授的意味

人类在4000多年前就留下了较为完备的成文法典，对于世界上的第一部成文法——《汉谟拉比法典》，迄今仍是见仁见智。在它的背后，有着一片嘈杂的纷纷攘攘声。

1901年12月，法国人和伊朗人组成的联合考古队正在伊朗西南部一个名叫苏撒的古城旧址进行发掘工作。一天，考古人员发现了一块黑色玄武石，几天以后又发现了另外两块。将三块拼凑起来，恰好是一个椭圆柱形的石碑。这块石碑高达2.25米，底部圆周长为1.9米，顶部圆周长为1.65米。石碑的上部是浮雕，下部是用典型的阿卡德语（即巴比伦语）楔形文字镌刻的铭文。历史学家和考古学家们经过缜密考证后断定：它就是人们耳闻却未曾目睹过的《汉谟拉比法典》。

《汉谟拉比法典》是古巴比伦王国第六代国王汉谟拉比（公元前1792—前1750年在位）颁布的一部著名法典。众所周知，古巴比伦王国位于幼发拉底河和底格里斯河流域，大体相当于今天的伊拉克，如果这部法典是“真身”，又怎么跑到苏撒去了呢？原来，公元前3000多年前，在今天伊朗迪兹富尔西南的苏撒盆地有一个强大的奴隶制王国，叫埃兰（又译“依兰”），古城苏撒就是埃兰王国的首都。公元前1163年埃兰人攻占了巴比伦之后，便把刻着汉谟拉比法典的石柱作为战利品搬回到了苏撒。埃兰王国后来被波斯灭亡。公元前6世纪波斯帝国国王大流士上台，又把波斯帝国的首都定在苏撒，这个石柱法典便又落到了波斯人手中。

▲汉谟拉比雕像

在石碑被“验明正身”之后，人们又产生了新的疑惑：发掘出来的圆柱正面7栏的文字怎么被磨光了呢？据史料记载，埃兰国王攻克了巴比伦

▲汉谟拉比因制定了法典而著称。这部法典保护弱者免受强者的欺侮，并规范了商业和土地所有权

后，自感成就非凡，不甘身死名逝，于是打算在这巨大的圆柱石碑正面刻上自己的丰功伟绩。可是，毁去上面的字迹后并没刻上新字，这就不知为何了。

多亏埃兰王“手下留情”，石碑原文保存良好，仅有35条被磨损。后来在苏撒、亚述等地发现了法典的泥抄本片段，从而使石碑被磨损的部分几乎全部得以补齐复原。否则“世界上迄今为止第一部较为完备的成文法典”之美名恐怕要“花落他家”了。这部法典由序言、正文（282条）和结语三部分（共3500行）组成。内容从道德说到国家义务，又说到私人社会生活的各个领域，其内容包括诬陷、盗窃、窝藏、抢劫、兵役、租地、关于土地的经济纠纷、果园、实物租赁、商贸、托送、人质、债务、寄存保管、婚姻、继承、收养、人身伤害、医疗、理发、建筑、船业、租业、委托放牧、雇工、关于奴隶的纠纷等等，涉及面之广，规定之细，令后人乃至现代人赞叹不已。

在汉谟拉比那个时代，这可是开先河之举。为什么要颁布这么一部法典呢？不会是汉谟拉比一时心血来潮吧？

原来确实是事出有因。汉谟拉比是一位很有才干的国王，勤于朝政，日理万机。他关心农业、商业和畜牧业的发展，也关心税收等其他问题。在位40年还忙于征战，最终

▼太阳神在古巴比伦人心目中有至高无上的地位，其实神授法典无非是加强自己地位的一种方式而已

▲壁画中的太阳神沙马什的形象

▲正是依靠这部用楔形文字写就的法典，汉谟拉比时代的巴比伦社会成为古代东方奴隶制国家中统治最严密的国家

横扫六合，将西从幼发拉底河、东到底格里斯河的广大亚述地区和其中数十个小国全部征服。随着版图的扩大，作为"威武之王、四方之王"的汉谟拉比每天要处理的申诉案件令人应接不暇。在位的第33年至第38年间，他下令将昔日的一些法律条文收集起来，再加上社会上已形成的习惯，汇编成法典并刻在石柱上，竖立在巴比伦的马尔杜克大神殿里，供臣民们瞻仰与学习。

关于《汉谟拉比法典》的形成，有人认为它是巴比伦王国特殊的自然环境的产物。哺育了美索不达米亚人（生活在两河流域的人）的底格里斯河和幼发拉底河，每年都会泛滥成灾。北部地区的大雨加上扎格罗斯山脉和托罗斯山脉上的积雪，常引起特大洪水，结果是灌溉沟渠水满而溢，农田毁于一旦。更可怕的是，洪水泛滥的时间和洪水量不可预见。在古巴比伦人眼里，洪水之神尼诺诺不是一位慈善之神，而是一位恶毒之神。雪上加霜的是，外族入侵的威胁无时不在。生存环境的恶劣使得美索不达米亚人的人生观带有恐惧和悲观的色彩。一首广为流传的苏美尔人诗词集中反映了这种心态，诗中写道："只有人，他的寿命不会很长，无论他做什么，只是一场虚无。"为了减轻笼罩在心头的不安全感，美索不达米亚人求助于各种方法，诸如剖肝占卜术、占星术等等，编纂法典也是其手段之一，而《汉谟拉比法典》不过是其中最杰出的一部。

也有人认为，汉谟拉比制定法典并将其刻写在石碑上只不过是为了宣扬自己的威严。苏撒古城出土的椭圆柱形石碑的上半段是一幅精致的浮雕。浮雕中古巴比伦人崇拜的太阳神沙玛什端坐在宝座之上；古巴比伦王国国王汉谟拉比则恭敬地站在他的面前。画面中的太阳神形体高大，胡须编成整齐的须辫，头戴螺旋形宝冠，右肩袒露，身披长袍，正襟危坐。此刻他正在将一把象征帝王权力标志的权标授予汉谟拉比。汉谟拉比国王头戴传统的王冠，神情肃穆，举手宣誓。太阳神的宝座很像古巴比伦的塔寺，预示着端坐其上的是最高的神。整个浮雕画面庄严而稳重，充溢了"君权神授"的古老观念。石碑的下半段，便是用楔形文字书写的《汉谟拉比法典》的全部条文。这种把国家典律和艺术结合起来的形式，后来成为古代纪功碑的一种范例。

▲壁画中的汉谟拉比的形象。他是古代一个有作为的国王

有人从福利角度对它大大褒奖。认为它包含了许多“福利”条款，其中包括：确定基本商品每年的价格；限制利息率在20%；周密地调整家庭关系；保证度量衡的信誉；城市负责对未侦破的抢劫案或凶杀案的受害者作出赔偿等等。法典规定：“如果没有抓获拦路的强盗，遭抢劫者须以发誓的方式说明自己的损失，然后由发生抢劫案的地方或地区的市长或地方长官偿还损失。”“如果死了一个人，市长或地方长官须付银子一明那（计量单位）给死者亲属。”

有人指出，即使以现代人的视角观之，《汉谟拉比法典》在很多地方依然是仁慈宽厚和有人情味的。例如，关于领养别人孩子的法律说：“如果某人领养了一个婴儿，并将他养大，孩子的生身父母不得将其领回。”如果考虑当时的社会情况，一条关于离婚的法律也表现出了立法人极富有同情心：“如果一位贵族因为妻子未能生养而要休妻，应该先偿还她嫁夫时所付出的全部代价，并将她从娘家带来的所有嫁妆全部归还。”还有关于遗弃的法律：“如果丈夫远行，行前没有留下足够的养家费用，妻子可以人另一男子之门而不受谴责。”仅此一条，无疑会使得“可怜无定河边骨，犹是春闺梦里人”的悲剧大为减少。

也有人从立法的角度对这部法典大为推崇，认为这部公开的成文法体现了崇高的正义精神和伦理精神。法典规定，倘若有人“打了居高位的人嘴巴”，执法者只能给予“鞭六十”的刑事处罚，而不能按照“居高位的人”的意愿或执法者的意愿去临时制定处罚标准，随心所欲地将“违法者”鞭笞六十以上，或披枷戴锁投入监狱，或将人痛殴致残，或发配从军，或列入黑名单，或杀头腰斩，或凌迟处死，或灭人九族；同样也不允许鞭六十以下，或者无罪开释。法典还施行同态复仇法，即奉行以眼还眼、以牙还牙的原则。根据规定，“如果一个人伤了贵族的眼睛，还伤其眼。如果一个人折了贵族的手足，还折其手足。”此外，法典不鼓励“告奸法”。

▼在汉谟拉比统治时期，巴比伦国家发展到了鼎盛阶段

它的一、三、五条规定："倘自由民宣誓揭发自由民之罪，控其杀人，而不能证实，揭人之罪者应处死"；"自由民在诉讼案件中提供罪证，而所诉无从证实，倘案关生命问题，则应处死"；"倘法官审理案件，做出判决，提出正式判决书，而后来又变更其判决，则应揭发其擅改判决之罪行，科之以相当于原案中之起诉金额的十二倍罚金，该法官之席位应从审判会议中撤消，不得再置身于法官之列，出席审判会议。"

▶《汉谟拉比法典》是世界上最早发现的成文的法典，给后世研究巴比伦提供了重要的依据

《汉谟拉比法典》其实是奴隶主统治的护身符，是阶级压迫的工具。首先，该法典对奴隶主、自由民、奴隶有着不同的规定：如果奴隶主把一个自由民的眼睛弄瞎，只要拿出一定数量的银子就可了事。如果被弄瞎眼睛的是奴隶，就不用任何赔偿。奴隶如果不承认他的主人，只要主人拿出他是自己奴隶的证明，这个奴隶就要被割去双耳。甚至规定，奴隶打了自由民的嘴巴也要处以割耳。属于自由民的医生给奴隶主治病，也是胆战心惊的。因为，如果奴隶主在开刀的时候死了，医生就要被剁掉双手。其次，为了巩固奴隶主的统治，法典还规定了一些更严厉的条款：逃避兵役的人一律处死；破坏桥梁水利的人将受到严厉处罚直到处死；帮助奴隶逃跑或藏匿逃亡奴隶，都要处死；如果违法的人在酒店进行密谋，店主如果不把这些人捉起来，自身也要被处死。

该法典遭到后人诋毁的另一缘由在于它的静止观。在结束语中，法典生动、尖刻地诅咒了以后任何敢于篡改法典的统治者："怨声载道的统治，寿命不会长，将出现连年饥荒、一片黑暗、突然死亡，……他的城市将毁灭，人民将离散，王国将更换，他的名字永远被人遗忘，……他的幽魂在地狱里喝不到水。"

古巴比伦的辉煌早已成了过眼云烟，传世之作《汉谟拉比法典》任由后人评说。无论如何，这部法典照亮了当时的美索不达米亚，也照亮了后世的法制之路。

◀汉谟拉比的丰功伟绩和给后世留下的法典，足以为人们称道。这是那时的记录员

古巴比伦的神灵

▲正在进行祭拜的崇拜者们，双手紧握在胸前，神情格外虔诚

古巴比伦人认为，人与神是在相互依靠中生存的。人要仰赖神的赐予获得农业丰收及平安，而神则需人们供奉来彰显威严。古巴比伦人心中的神要有住宅，要吃饭，要穿衣，甚至还要沐浴，所以，古巴比伦的庙宇之多、祭祀活动之多是可以理解的。

西亚两河流域（幼发拉底河和底格里斯河）是世界古代文明的摇篮。这个地区被希腊人称为“美索不达米亚”，意即两河之间的地方。在底格里斯河南部有一座城叫作巴比伦，后来成为统一帝国的中心，所以人们又把这一地区叫作巴比伦尼亚。

古代巴比伦宗教一般是指西亚巴比伦尼亚地区苏美尔人、阿卡德人、亚摩利人和迦勒底人等的宗教信仰。公元前4000年或更早时期，美索不达米亚地区宗教信仰和崇拜的神圣对象主要是那些与基本的经济活动（农业、牧业）直接有关的大自然异己力量，它们在人们的宗教幻想中人格化为神，但经常表现为非人类的形象（主要是动物形象）。崇拜这些自然异己力量的主要目的在于祈求丰收，信奉的神主要是丰产神。动物形象的神可能是图腾崇拜和氏族祖先崇拜的反映。

大致在公元前4000年到前2000年，宗教神灵的形象有了明显的变化，诸神被认为具有人的形象。更为重要的演变是，在苏美尔－巴比伦的宗教神话中，诸神组成的神灵世界开始组织起来，形成一个类似长老议事会（早期国家的最高统治机构）的天国结构，每一位神都在这个天国政府中取得了一定的官职和职能。

公元前2000年以后，神灵对世界和社会人事的干预大大加强了。宗教要求人类虔诚地放弃人的一切主动性，绝对地相信和依赖神的安排和干预。与此相应，强调人的罪恶感，祈求神赦罪、向神赎罪的个人性宗教信仰也因此而得到更多的表现。

两河流域原始社会时期对于自然力的崇拜，在苏美尔－阿卡德时代演变为各个城市国家的保护神。安努是乌鲁克城的地方保护神，原是天气神，其职能是安排天体众星的位置来显示一年的历程和季节的变化；英利尔神是尼普尔城的地方保护神，原是暴风雨和主管农业的神，在神话中是锄头的发明者；伊阿神是埃里都城的地方保护神，原是水神，他的神庙原来建在两河入海的河口。

▶在这块泥板上的是记录着古巴比伦人历法的楔形文字

安努、英利尔、伊阿就被合称天、地、水3位大神，安努则成为3神中的主位神，被认为是万神之父和诸神之王，是负责处理宇宙事务的众神大会的主持者。每一位神都有自己的神庙，神就生活在庙宇之中，庙宇周围的土地和城镇在观念上都属于神，并由神经营和管理。

在“恩凯和世界秩序”这则神话中，恩凯神代表英利尔神来组织世界秩序。他好像一位管理大庄园的大管家一样，在庄园里安排了各种各样的社会工作和经济工作，同时指派不同的神分别进行监督。

从别的神话可以看到，诸神按照贵族内部民主制的方式组成宇宙国家一级的诸神大会，这是处理宇宙事务的最高权力机构。诸神参加诸神大会，对具有全局性的事务进行投票表决。天神安努是诸神大会的“主席”，是地位最高的神。各项宇宙事务分别由年长的神担任，各司其职。

▲公元前2500年的一枚向马杜克祈祷的印玺。马杜克是人们心目中创造世界和第一个人的伟大的神

神灵世界的组织形式和宇宙秩序随着巴比伦尼亚地区社会结构的变化而变化。“鲁戈尔一埃”神话对世界秩序的形成问题有了新的说法。它把世界的秩序说成是征服者的安排：地神英利尔的儿子、年轻的国王尼努尔塔神在征讨各地获得胜利之后，便对世界秩序进行了重新安排。公元前2000年，巴比伦强大起来建立起统一大帝国的时候，该城保护神马尔都克神便成了诸神之主。

繁华的古巴比伦

公元前19世纪初，阿摩利人首领苏木阿布建立了古巴比伦王国。到了第六王汉谟拉比统治时期，国力强盛，逐渐统一了两河流域。前16世纪初为赫梯王国所灭。

公元前19世纪初期，阿摩利人以巴比伦为都城，建立了一个国家，史称古巴比伦王国。巴比伦是位于幼发拉底河中游东岸的城市，在两大河流相距最近的地区，处于两河流域的中心，扼西亚商路要冲，战略和经济地位极为有利，古代的整个南部两河流域称为巴比伦尼亚，因此巴比伦的重要性可见一斑。巴比伦在它的第六代国王汉谟拉比时，将两河流域南北两部统一为奴隶制的中央集权王国。

▲在巴格达出土的陶盆。距今约6000年

汉谟拉比经过38年努力，利用附近各国战争连绵、彼此削弱的机会，统一两河流域，建立起较巩固的中央集权国家。国王一人独揽国家的军政权力、立法权和司法审判权，有一个庞大的官僚机构在他下面协助他进行统治。

▼作为一个位于两河流域的国家，巴比伦的航海技术同样高超，而且他们还建造了别具特色的芦苇船

▲这些塔庙建得美观大方，充分显示出古代工匠的手艺高超

古巴比伦王国拥有一支常备军，军队中的战士拥有世袭的份地。村社农民在必要的时候也被征召组成军队。由国王任命地方行政系统中的各级官吏。古巴比伦王国把马都克尊为全国的庇护神，如同人间的最高统治者是巴比伦国王一样。汉谟拉比法典消除了原来各城邦的立法，把全国法令统一起来。它的制定和颁布也是古巴比伦王国奴隶制中央集权强大的表现。

古巴比伦王国时农业、手工业、商业都比以前有了进一步的发展和提高。扬水工具、耕犁等都有了改进，普遍使用青铜工具。手工业的分工已经相当细，有制砖、缝纫、宝石匠、冶金等。国内外的商业贸易也有了发展，巴比伦、西帕尔等城都是重要的商业中心。除了王室经济的商业代理人垄断着国内外的大宗贸易外，许多奴隶主私人经营的商业也很繁荣。巴比伦时期的土地使用制度允许份地买卖、抵押、转让和继承，长子的继承份额则为双份。占有村社份地的人必须向国库缴纳实物租税。凡 3 年不纳租税和不服役者，丧失份地的占有权。绝户、逃亡户或 3 年不纳租税者的份地，都没收归公社另行分配。“纳贡人”从王室领得份地、种子、耕畜和农具后，自行经营，每年须向王室缴纳相当的收获物。但是从王室领有的份地不得出卖或抵押，份地可以世袭占有。

外族入侵给巴比伦国家的稳定造成很大的威胁。古巴比伦于公元前 16 世纪中叶被赫梯人所灭，不久后，从东北方入侵的加喜特人在公元前 16 世纪末占领了巴比伦。

▶古巴比伦圆形玛瑙图章。一个祭司迎接乘坐月牙而来的辛

▲古巴比伦神庙的废墟，图为已经清理出来的塔庙及神庙的周围

▼美索不达米亚时期名城——马利城宫殿的遗迹

▼巴比伦想象图

古巴比伦风俗

▲《汉谟拉比法典》的局部放大图

古巴比伦是一个充满神秘的国度，古巴比伦人的婚姻和习俗也有着奇异的色彩，让人产生强烈的好奇。

巴比伦人每年在每个村落里都有一次，所有到达结婚年龄的女孩子都被集合到一处：男子则在她们的外面站成一个圆圈。然后一个拍卖人一个个地把这些女孩子叫出来，把她们拍卖。他是从最美丽的那个女孩子开始的。当他把这个女孩子高价拍卖之后，开始拍卖排在第二位的美丽女孩。最终，所有这些女孩子都通过拍卖的方式成为正式的妻子。巴比伦人当中有钱而想结婚的，便相互竞争以求得到最美丽的姑娘，但一般的平民求偶，大多不太在乎姑娘美丽与否，便娶那些长得不漂亮可是带着钱的姑娘。因为习惯上，当拍卖人把所有最美丽的姑娘卖完之后，他便把那最丑的姑娘，甚至有时是一个跛腿的姑娘叫出来向男子们推介，问他们之中谁肯为了最小额的奁金而娶她。如果有哪个男子愿意因这最少的奁金而娶这个姑娘，那么，拍卖人将用出售美丽姑娘的钱来偿付丑姑娘的这笔奁金。这样一来，美丽的姑娘便承付了丑姑娘或是跛腿姑娘的奁金。谁也不允许把自己的女儿私下许给她喜欢的男子。任何人如果不能真正保证把他买到的姑娘当作自己的妻子，他是不能把她带走的。然而，如果发现他们两人不能接受彼此的话，则规定要把付出的钱退回。如果愿意的话，人们甚至可以从别的村落到这里来

▼王陵出土的金制匕首，刀鞘和刀柄装饰着美丽的图案

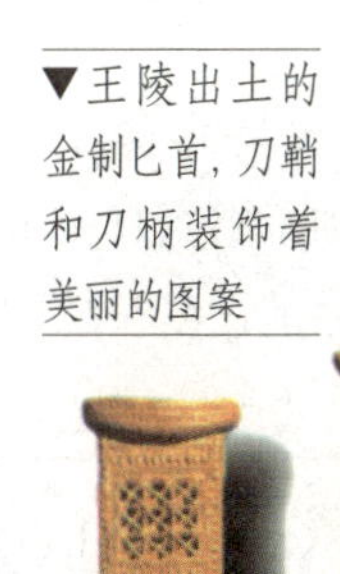

▶巴比伦的一块地界石。上面刻着祈求神灵保护的碑文

买姑娘。这个风俗被希罗多德认为是当时所有风俗中最好的。

女子在结婚前由其父亲保护监管。其父可以自由决定其婚姻；如果父亲不在，则由其兄长做主。如果一个女子因其父欠债而作为抵押品到债主家做工，其婚姻仍由其父或兄长决定；如果其父或兄长都不在，其婚姻就由债权人决定。

男方通常交给他未来的岳父一笔当作女方身价的费用，此外，男方还需向女方送聘礼。女方从她的父亲处取得嫁妆，嫁妆后来就转归男方。

▲伊丝塔尔是整个美索不达米亚的神，但对于不同的民族，她的代表性不同，对于巴比伦人而言，她是掌管生育的神

▲巴比伦遗址中出土的文物，在上面雕刻着精美的图案

《汉谟拉比法典》中对聘礼及身价有明文规定。第159条规定：“倘自由民将聘礼送至其岳父家，交付聘金之后，见其他妇女，而谓其岳父云：‘我不娶汝女’，则女子之父得占有其送来的一切财物。”第160条规定：“倘自由民将聘礼送至其岳父家，交付聘金，而后女子之父云：‘我不将吾女给你’，则女方应加倍归还一切致送与彼的财物。”第161条规定：“倘自由民将聘礼送至其岳父家，交付聘金，而后其友诽谤之，于是岳父告诉新郎云：‘你勿娶吾女’，则女方应加倍退还一切致送之物；而其友亦不得娶此妻。”

结婚前要举行订婚仪式，由女子未来的丈夫在女子头上洒香水并献上礼物。这以后，女子就成为其未来丈夫家中的一员。如果男方死了，她将嫁给他的兄弟；如果男方没有兄弟，她就嫁给他的近亲。相反，如果女方死了，男方又不想娶她的姐妹，那么男方就要收回所有的聘礼（除粮食以外）。

到了婚期，女方家长将新娘交给新郎，新郎在证人面前揭掉新娘的面纱，并郑重宣布：她是吾妻。结婚要有正式婚约，这样妇女才能获得“妻子”称号。一夫一妻制是美索不达米亚名义上实行的婚姻制度，家庭主要成员是丈夫、妻子和子女。但实际上，丈夫可以有妻子，也可以有妾。

◀巴比伦印章。巴比伦的国王辛被神话为月神，掌管着月亮的圆缺盈亏。在那时，月亮是与生育有关的事物

◀由于巴比伦独特的风俗习惯，导致国家人口的急剧膨胀，考古学家认为这是巴比伦毁灭的一个重要原因

妾与妻子相比，地位较低，往往来自女奴。妾必须尊重并服侍法定妻子，即便为主人生有子女的女奴，如自视与女主人平等，也可能受到惩罚。当妾与法定妻子一起上街时，才有权戴面纱。“妻子”这一称号只属于丈夫的法定妻子，在丈夫把面纱戴到她头上那一刻起，她就是他的妻子了。

在家庭关系中，夫妻地位是不平等的。丈夫占绝对统治地位。丈夫如果对妻子不满意只要把她的嫁妆还给她，并说：“你走吧，我不要你这样的妻子！”就可以休妻了。但妻子不能对丈夫说“我不要你这样的丈夫”。不育、通奸、性格乖戾、不会持家等都是丈夫休妻的理由。丈夫不但可以休妻，还可以置妻于死地。因为法律规定：“为人妻者，如懒惰、放荡、不顾家或轻忽子女，均可溺毙之。”这反映出妇女地位的低下。当然，法律也适当保护妇女的权益。例如，法律规定，妻子虽然不能申请与其丈夫脱离关系，但如果她能证明其丈夫毫无理由地虐待她或者有外遇，均可携其嫁妆及应有财产回娘家居住。而这项权利，英国女性直到19世纪末才获得。此外，如果丈夫应征入伍或经商在外超过一定年限而妻子生活无着时，妻子可以与别的男人姘居，而丈夫不得以此作为理由休妻。

婚前性行为在古巴比伦时期较为普遍，男女之间同意就在一起，不同意随时可以分开。与有妇之夫同居的女性，身上要戴一橄榄枝作为标志，以表示她的身份是妾。不过，一旦结婚，性关系就不能随便了。《汉谟拉比法典》规定，有夫之妇与人通奸者，奸夫淫妇应行溺毙。

巴比伦人穿的衣服是一种长到脚的麻布内衣，在这件内衣外面罩着另一件羊毛的内衣，在这外面他们又罩上一件白色的外衣，他们脚上穿的鞋是他们国家所特有的一种鞋子。他们都留着长头发，头上裹着头巾，全身都涂香料。每个人都带着一个印章和一个雕制的手杖，杖头刻成一个苹果、一朵玫瑰、一朵百合、一只

▶吉尔伽美什要寻找的长生不老药差点就到手了，可惜，最后被这条鬼鬼祟祟的蛇给偷吃了

▲《吉尔伽美什》的浮雕

鹰或者是诸如此类的东西。他们的习惯是每只手臂上必须要有一种装饰。这便是他们穿戴的东西了。

巴比伦人没有医生，然而当一个人生病的时候，这个病人便被带到市场上去；这样，曾经和病人得过同样病的，或是看过别人得过同样病的那些行人便来到病人面前，慰问他们和告诉他们治疗的办法，他们把或者是曾经治好了自己的病或者是他们知道治好了别人的病的办法推荐给他。谁也不许一言不发地从病人身旁走过，而不去问他得的是怎样的病。这个风俗被希罗多德认为是最贤明的。

要是有人死了，巴比伦人先是把死者浸在蜂蜜里，然后再埋葬。他们的葬仪和埃及人的葬礼相似。

当一个巴比伦人和他的妻子交媾以后，他们两个便焚香对坐，到天明的时候，他们便沐浴。在他们沐浴之前，他们是不用手接触任何器皿的。

希罗多德说，巴比伦人有一个最丑恶可耻的习惯，这就是每一个妇女在她的一生之中必须有一次到阿弗洛狄忒的神殿的圣域内和不相识的男子交媾。许多有钱的妇女，她们自视身份高贵而不屑于和其他妇女混在一起，便乘坐着双马拉的带围帘的马车到神殿去，她们身后还跟着一大群仆从。但是大多数的妇女是坐在神殿的域内，头上戴着帽子；这里总有大群来来往往的妇女。在妇女

▶后人创作的一幅油画。吉尔伽美什为了实现自己的愿望而与邪恶的天牛进行战斗

中间，四面八方都有用绳子拦出来的通路，而不相识的男人们便沿着这些通路行走来做他们的选择。一经选好了位子，这个妇女在有陌生男子把一只银币抛向她的膝头并和她在神殿外面交媾之前，是不能离开自己的位子的。当男子抛钱的时候，他要说这样的话：“我以米利塔女神的名字来为你祝福。”银币的大小多少并无关系。妇女对这件事是不能拒绝的，否则便触犯了神的律条，因为一旦用这样的方式抛出去的钱币便是神圣的了。当她和他交媾完毕，也就是在女神面前完成了任务以后，她便可以回家去。从这个时候开始，不管再出多少钱，便再也不能找到她了。因此，那些颀长的美貌妇女很快便可以回去，但是那些丑陋的必须要等很长的时间才能够履行神圣的规定。有些人不得不在神殿的圣域内等上三四年。

▲出土的巴比伦陶罐碎片上雕刻着战神伊丝塔尔的形象

根据泥板的记载，在几千年前的美索不达米亚，就已经出现了妓女这个令人鄙夷的行当。著名的《吉尔伽美什》史诗中就曾描绘了吉尔伽美什的朋友恩齐都如何与妓女寻欢作乐的故事。不过，那时的人似乎并不觉得这是一种耻辱。这种特殊的道德观念可能与美索不达米亚的宗教观念有关。在美索不达米亚，女人是属于神和神庙的。因此，卖淫是常见的现象，为社会认可，甚至是神圣的活动。到古巴比伦时期，这种风气更盛，以至《汉谟拉比法典》专门提及。这种类型的妓女被称为“神妓”，或者叫“爱的女神”。

“神妓”是由“坐庙礼”演变而来的，她们不准有职业，也不准有丈夫，结婚就意味着退休。地位较高的妓女在神殿里有一处住所，其他妓女必须住在外面。她们一般在大街上、十字路口等公共场所“巡行”招徕顾客。做生意的地方不在神殿而在旅馆，通常是在街市最热闹的地方。旅馆的主人往往有一套取悦“爱的女神”的特殊仪式，目的是让她们招徕更多的顾客。到亚述时期，规定妓女要有识别的标志，由于那时的良家妇女必须戴面纱，因此不戴面纱的就是妓女。如果发现有妓女也戴面纱，一旦发现，将被处以重打五大板的处罚。

神妓给巴比伦各个神庙带来了滚滚财源，巴比伦一些金融机构因此发展起来。这种习俗在整个西亚都相当普遍，不只是巴比伦，以色列、腓尼基、叙利亚等地都有。在吕底亚和塞浦路斯，少女卖淫赚嫁妆，是当时公开的秘密。后来这一习俗传到欧洲，16世纪教会妓院据说就来自巴比伦的“神妓”习俗。

第三章

新巴比伦的辉煌

在巴比伦城墙的西城墙中段，有一座世界历史上最古老的大石桥，把幼发拉底河两岸的市区联系在一起。如果你站在石桥上向西眺望，巴比伦雄伟的建筑就尽收眼底，你一定会从内心惊叹它的雄伟壮观。幼发拉底河两岸大堤上种满了柳树，那里曾经是犹太人聚会的地方。

巴比伦曾经是一座坚如磐石、难以攻克的城市。虽然它可以挡得住外敌的进攻，却防不住战争与时间的嬗变。经过了几个世纪，巴比伦逐渐被黄沙所掩盖。正如犹太人所诅咒的：“巴比伦必将成为旷野、荒漠，必将无人居住、一片荒凉，成为野兽的巢穴。”可是经过最近两个世纪的考古工作，古老的城垣重见天日，死去的文明复活了。有学者风趣地说巴比伦只是微微的睡去而已。

▲巴比伦遗址上的石狮雕像。刀法雄浑有力，虽然局部有些残破，但依然气势雄壮

崛起的新巴比伦

公元前626年，塞姆人的一支——迦勒底人建立了迦勒底王国，也就是新巴比伦王国。尼布甲尼撒二世在位时，版图扩张至叙利亚和巴勒斯坦。公元前539年为波斯所灭。

公元前1000年初，塞姆人的一支——迦勒底人来到两河流域南部定居，并吸收了这里的先进文化。亚述帝国于公元前1000年前期征服并统治了两河流域南部，遭到迦勒底人多次起义反抗。

迦勒底人的领袖那波帕拉沙尔于公元前626年被亚述人派驻巴比伦。那波帕拉沙尔到巴比伦后发动了反对亚述统治的起义，建立了新巴比伦王国。米底王国当时在伊朗高原西北部，他们与新巴比伦王国共同反对亚述。

▲关于新巴比伦王国的灭亡，在这件泥板的楔形文字中有着详细的记载

亚述帝国于公元前612年灭亡，新巴比伦王国同米底王国瓜分了其领土，亚述帝国的西半部包括两河流域南部、叙利亚、巴勒斯坦和腓尼基归新巴比伦王国。公元前604年，新巴比伦王国国王尼布甲尼撒二世即位。当时叙利亚宣布归顺新巴比伦王国，但腓尼基和巴勒斯坦地区却迟迟没有表态。而埃及正虎视眈眈地盯着这一地区。

埃及还与推罗和西顿等腓尼基城市结成联盟。在这种复杂的形势下，尼布甲尼撒二世首先巩固了自己的后方，娶米底公主阿米蒂斯为王后，继续与米底王国结盟。尼布甲尼撒二世公元前597年出兵攻占耶路撒冷，扶植犹太人齐德启亚上台。埃及法老普萨姆提克公元前590年出兵巴勒斯坦，占领西顿，推罗国王、犹太人齐德启亚及巴勒斯坦、外约旦

◀那波帕拉沙尔石雕像。就是这位新巴比伦的国王让亚述王国灭亡的

▲在巴比伦的记载中，那波帕拉沙尔是接受了神的指示而建立新巴比伦王国的

等纷纷倒向埃及。

尼布甲尼撒二世利用米底人忙于同乌拉尔图和西徐亚人进行战争的时机，腾出手来于公元前587年第二次进军巴勒斯坦，围困犹太人的圣城耶路撒冷，俘获犹太国王齐德启亚。耶路撒冷城在公元前586年被攻破后，大部分居民被俘往巴比伦尼亚，史称“巴比伦之囚”。推罗国王伊托巴尔三世承认尼布甲尼撒二世为尊者，外约旦被迫向尼布甲尼撒二世称臣。埃及对巴勒斯坦的野心也被阻止。

▲尼布甲尼撒二世将战胜埃及的功绩记录在泥罐上，供后人瞻仰

▲军队和神庙祭司们的斗争，使得新巴比伦王国逐渐衰落

尼布甲尼撒二世对巴比伦城进行了大规模建设，使巴比伦城成为当时世界上最繁华的城市。巴比伦城共有8个城门，伊丝塔尔门是北门，表面用蓝青色琉璃砖装饰，砖上有许多公牛和神话中的怪物等浮雕。用白色和玫瑰色石板铺成了贯通城区的主干道。尼布甲尼撒二世还在底格里斯河边为其来自米底王国的王后修建了一座“空中花园”。花园每边长120米左右，呈正方形。

新巴比伦王国最后一个国王是那波尼达，当时国王同神庙祭司之间不和。巴比伦城内祭司在波斯人入侵巴比伦尼亚时打开城门放波斯军队入城，波斯人俘虏了国王。公元前539年，新巴比伦王国就被崛起的波斯人所灭。

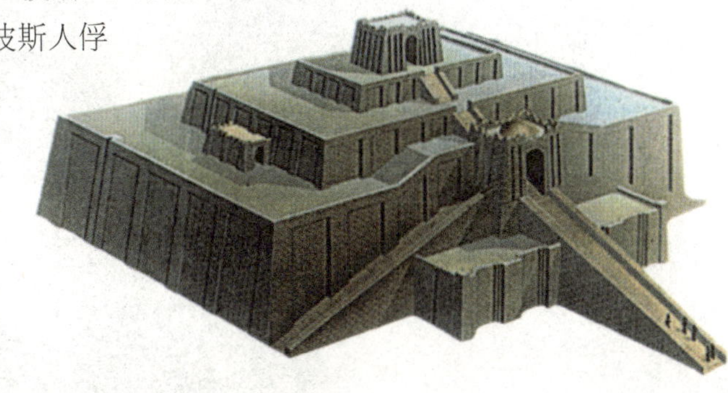

▶尼布甲尼撒二世时期修建的巴比伦马尔杜克神庙的复原图

▼巴比伦最著名的埃萨吉祥尔神庙的复原图

巴比伦城

神秘而古老的巴比伦文明，如同一颗璀璨的珍珠，吸引着世人广泛的关注。没有人会怀疑，古代美索不达米亚最蔚为壮观、最繁华昌盛的城市应该属于巴比伦城。

历史上，“巴比伦城”的最早记载出现于亚述首都尼尼微发掘出土的泥板图书里。在阿卡德语中，“巴比伦”意为“神之门”，汉谟拉比把它修建成了壮丽的都市。汉谟拉比死后，帝国开始衰退，直至崩溃。随后是加喜特人对巴比伦长达400年的统治，其间，巴比伦经历多次劫难。亚述王国兴起后，巴比伦人因不服从亚述的统治而多次与其开战。

公元前689年亚述王西那海里布攻入巴比伦，下令把城内居民统统杀掉，毁坏了一切建筑，最后放水入城，巴比伦沦为一片汪洋的泽国。毁灭敌人的城市和神庙是西亚古代战争中通常的做法，为此许多古城多次重建又多次变成废墟。为了把巴比伦彻底抹去，西那海里布让人装了几船巴比伦的泥土，遍地挥洒。这是一种象征性仪式，表示要让自己的敌人永远地失去土地。但是顽强的巴比伦人民重建了自己的家园。公元前7世纪后期，日益强大起来的迦勒底人占据了巴比伦，并联合其他民族灭掉了亚述王国，将其首都尼尼微同样变成废墟。迦勒底人建立了新巴比伦王国，将巴比伦作为自己的首都。

▼巴比伦城的复原图。从中可以看出其为什么会被大诗人荷马称为“百门之都”了

新巴比伦第二位国王尼布甲尼撒二世（公元前605—前562年在位）是一位极有作为的国王，他扩张了巴比伦的势力之后，将精力转移到扩建巴比伦城上。为了显示自己的威仪和荣耀，他要将巴比伦建成一座最雄伟豪华的城市。在气势上，它要远远超过汉谟拉比时代的巴比伦和亚述人的尼尼微，同时防御上要固若金汤，永不陷落，如同不落的太阳一般。巴比伦城由此进入历史上的第二次辉煌时期。然而仅仅几十年后（公元前539年），巴比伦城就被波斯人占领了，并从此走上了末路。由于长期的战乱，巴比伦城的人口越来越少，宫殿也被废弃了。希罗多德在公元前460年游览巴比伦城时，荒凉之中还能感到它昔日的风采。到亚历山大大帝占领美索不达米亚时，巴比伦城已完全荒芜了。据记载，公元7世纪阿拉伯人统治美索不达米亚以前，倾废的城墙和宫殿尚依稀可辨，有些普通的居民还将宫殿当作住所，但后来巴比伦城址就剩下一片茅屋，直至考古工作者的到来。

▲亚述帝国的首都——尼尼微城的遗址。现在只能看到它荒凉的残垣断壁了

1899年，德国考古学家罗伯特·科尔德维率领考古队员来到巴格达南面90公里处的幼发拉底河畔。他很清楚，在自己的脚下，将出现古代美索不达米亚最壮观的城市——巴比伦。科尔德维的发掘工作目标明确，他要挖掘出古代历史学家希罗多德描绘过的壮观围墙，著名的《汉谟拉比法典》石柱以及《圣经》和希罗多德描绘过的通天塔，被称为“世界七大奇迹”之一的空中花

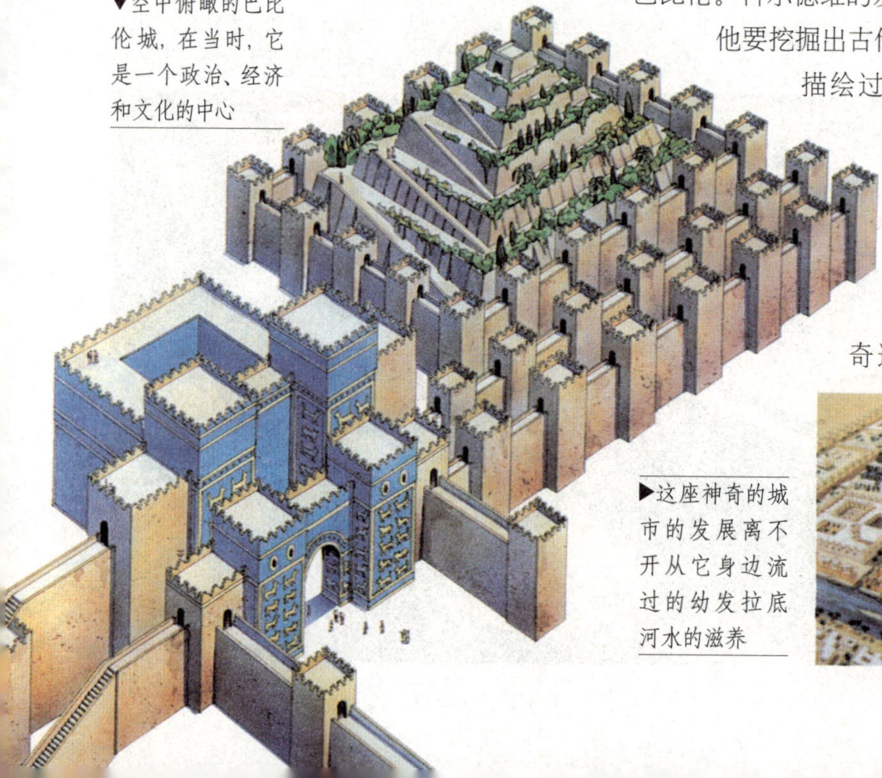

▼空中俯瞰的巴比伦城，在当时，它是一个政治、经济和文化的中心

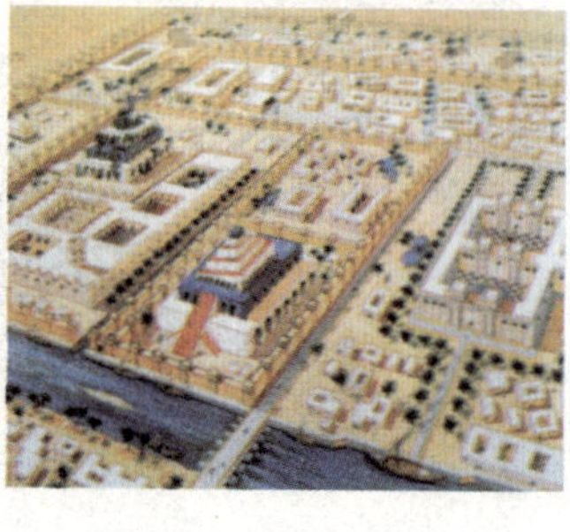

▶这座神奇的城市的发展离不开从它身边流过的幼发拉底河水的滋养

园，以及那为历史学家所称道的巴比伦游行大街。甚至于他还想找到大神马尔杜克重达27吨的雕像，那可是用纯金铸造的。

科尔德维是一位带有浪漫主义气质的考古学家。他一直在担心，尽管从现有的资料来看，古代历史学家和旅游学家对巴比伦的描绘远远超出该地区的其他任何城市，但古人习惯于夸张描绘，发掘出的东西会不会与描述相去甚远——这个问题一直困惑着这位考古学家，但他终究禁不住好奇心的诱惑。科尔德维生性幽默而活泼，他写的发掘报告生动而风趣，甚至加上想象和夸张之辞，对此正统学家颇有非议，认为他不是一名真正的考古学家。这样的考古学家一旦发现了世人一无所知的古代遗迹，不知会写出怎样有趣的报道来。当然，这并不是说科尔德维是一位无中生有的胡编乱造者，只是其文章太带有趣味性了，相对于严谨的学者而言，就显得有些“不正道”了。但有一点必须承认，科尔德维在着手挖掘这座古城之前，就已经对该地区的历史了如指掌。巴比伦城的发掘没有使他失望，他使一处美丽的人类文明展现在世人面前。

科尔德维带领考古队经过10年的努力才完成发掘工作。通过发掘，几乎揭开了这座按四方形规划建成的城市全貌。巴比伦城周长约为18千米，幼发拉底河从城中穿过。它有三道城墙，其中最外的一层是外围长城，是为抵御米底人入侵而修建的。在这道长城的里面，是两道砖砌长城。这两道城墙略呈方形，高23米，厚8.7米，由日晒砖建成，并且每隔一定距离便用凸起的壁柱加固。外墙脚下是一条宽20～80米的护城河。共有9座城门，其中伊丝塔尔门最为壮观。伊丝塔尔门分前后两道门，每道门有4个望楼，望楼与望楼之间由拱形过道相衔接。在大门墙上装饰着蓝色的玻璃砖，上面分布着横向排列的黄色、褐色、黑色玻璃砖组成的动物浮雕，如牛、狮，还有幻想出来的长着蛇头鹿身兽爪的神化动物。这个门现陈列于柏林博物馆。墙垣上部是琉璃砖构成的饰带和正排的雉堞。

▼修复后的伊丝塔尔门，门的两侧整齐地排列着各种动物的浮雕图案

▼从清理后的伊丝塔尔门望过去的景象，人们依稀可以想象这座城市当年的壮观

空中花园

人们一般相信，在远古时代的巴比伦王国，有一座美丽的“空中花园”；关于“空中花园”，流传着一个美丽动人的传说。可谁又知道，这座花园连同它的传说的背后，是一个又一个的不解之谜。

▲当年雍容华贵，被称为“爱情城堡”的空中花园，如今只剩残垣断壁，空自让人们体会它的荒凉与落寞

新巴比伦王国的国王尼布甲尼撒二世和他美丽的王妃塞米拉米斯早已乘着黄鹤西去了。然而关于他们动人的爱情故事，却千古流芳，传为美谈。

相传在公元前6世纪，尼布甲尼撒二世娶了一个宠妃，名叫塞米拉米斯。她生长于米底（今伊朗高原西部）。那里山峦叠嶂起伏，与巴比伦尼亚的一马平川迥然不同。这位来自异国他乡的公主每每想起故国的山川美景，总是不由得低头垂泪，娥眉紧锁。国王不忍心看着心爱的王妃郁郁寡欢，费尽周折终于猜透了她的心思。于是，国王下令仿照王妃故乡的模样，在巴比伦宫的西北角建了一座阶梯花园。这，就是他们的爱情堡垒、流传至今的“空中花园”。

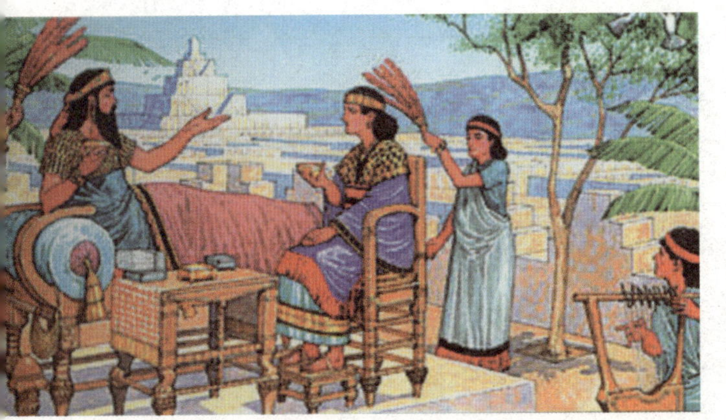

▼西方人在油画中描绘了尼布甲尼撒和王后在空中花园尽情享乐的情景

在男尊女卑的远古时代，贵为一国之尊的巴比伦国王为博红颜一笑，不惜“兴全国之工”，耗万金之资。其实，诸如此类的荒唐举动古往今来并不鲜见。几千年来，

▲尼布甲尼撒的塑像。他在位期间发动了很多战争，使新巴比伦王国成为全部"新月沃地"的主人

无数文人墨客挥舞手中出神入化之笔，将古巴比伦的“空中花园”描绘得美轮美奂。有很多的传闻说，“空中花园”是一座多层塔式建筑，有100多米高，每层内部都有砖拱、石板做成的斜坡式阶梯通向上一层。平台分成四层，层层相叠，每一层都用大理石筑成小径，上面栽植着各类世间所没有的奇花异草。建筑物内部以芦苇为中心，外部堆积厚厚的泥土，上面长满美丽的花草树木。整座花园树木掩映，鲜花锦簇，远看犹如悬在半空之中。从幼发拉底河引导出来的水流在花园内化成汹涌的喷泉，直射蓝天，形成一道道绚丽的彩虹。幽静的园区小道曲折蜿蜒地延伸着，小径旁的溪流汩汩流淌……

▼人们想象中的巴比伦空中花园的复原图。气势雄伟，规模庞大，阿拉伯语称其为"悬挂的天堂"

如此美景，引得无数建筑大师和艺术巨匠怦然心动，为之神往。公元前3世纪，希腊人安提巴特慕名来到巴比伦城，见到了心仪已久的“空中花园”。此时的花园虽然已经没有了昔日的“花容月貌”，早已花草凋零，蜂蝶散尽，“枯瘦如柴”，只剩一副“骨架”悬在空中，任凭风吹雨打，但是，安提巴特还是毫不犹豫地将其与埃及的胡夫金字塔、亚历山大灯塔等相提并论，给它戴上了“世界七大奇迹”之一的桂冠。仅此一端，就足见“空中花园”昔日的风韵。

然而也有人不以为然，认为这座花园实际上并非什么杰作，其长宽高都不过几十米而已，只是由于古代希腊没有特别高大宏伟的建筑，才使其鹤立鸡群，成为希腊人眼中的“奇迹”。事实上，流传至今的有关“空中花园”的记载，确实也几乎都是出自古希腊、古罗马作家及历史学家之手。现代历史学家争论说：当亚历山大大帝的士兵们到达了富饶的美索不达米亚地区并看到了巴比伦时，深为眼前的美景所震撼，其中包括“空中花园”；他们后来

◀国王是古巴比伦最大的奴隶主，他拥有众多的奴隶和仆人

◀巴比伦的统治阶级为了培育更多的为统治阶级服务的人，开办了专门的学校，这也使得在那里形成了一个特殊的阶层——书吏阶层

回到单调枯燥、崎岖不平的家乡时，也将对花园美景的回忆带了回来，并向故乡的人们大肆夸赞。此说也合乎逻辑，因为当古希腊人还没有迈进文明门槛的时候，两河流域的文明已经延续了大约2000年。

尽管如此，无数的考古学家还是怀着无限的遐思来追寻传说中的“空中花园”。德国人罗伯特·科尔德维就是其中之一。1899年，科尔德维带领考古队踌躇满志地来到伊拉克首都巴格达以南90公里处，即史书上所记载的古巴比伦城的遗址所在地。随后，指挥手下人挥舞工具干了起来，企图要使这座沉睡了两千年的古城重见天日，要弄清楚这里究竟有没有传说中的美丽的“空中花园”。

一天，他们在古城南宫的东北角挖掘出一个不寻常的、半陷于地下的近似长方形的建筑物，面积约为42米×30米。这个半地下建筑由两排小屋组成，每个小屋的平均面积仅2.2米×3米，其中的一间小屋内还发现了一口开了三个水槽的水井。考古队员想象不出这口井有什么特殊用处，便继续挖掘。后来他们又发掘出一座石砌的圆拱建筑。科尔德维立刻意识到这座建筑非同寻常：首先，古迹的地点在巴比伦城最古老的一部分，名叫巴比尔，而这里有最早的地窖。其次，这是巴比伦出现的第一座圆拱建筑，是用石料和常见的砖砌成的。第三是那口怪模怪样的古井。这套建筑物的结构确实非常特殊，从设计到建筑都十分出色。科尔德维认为，那几个圆拱一定具有特殊的用途。他启动脑中储存的所有相关资料，最后不由得眼睛一亮：这很可能就是传说中的“空中花园”！因为在所有记载巴比伦的资料中，

▶巴比伦“空中花园”的复原图

▲古希腊著名的历史学家希罗多德雕像

从约瑟弗斯、狄奥多鲁斯、台西亚斯和斯特拉波的著作，到所有已经破译的有关巴比伦城这座“邪恶的城市”的楔形文字的铭文，只提到两处建筑是使用石料的，并且都特别强调指出是石结构：一处是卡色尔的北城墙，科尔德维已经在那里发现有石料；另一处就是“塞米拉米斯的悬空花园”。

科尔德维虽有此推想，但始终不能断定自己的想法正确无误。在他看来，挖掘出的三条竖井无疑是一眼抽水井。用于抽水的机器虽然早已荡然无存，但当年很可能配有一套由链条带动的水泵，以便能够不停地抽水。为了展现“空中花园”的面貌，他充分地发挥着自己的想象力：“空中花园”由一些圆拱支撑着，铺垫在这些小屋坚固的拱顶之上的是厚厚的土层，土层上面栽种着花草和树木。一条用链条带动的抽水设备将井水送上蓝天，然后“飞流直下三千尺”。此情此景，着实有些壮观迷人。在考古发掘中，科尔德维的考古队也确实发现了这里曾种植过大批花木的遗迹。然而，“空中花园”本身所达到的“成就”令科尔德维失望，比起其他六大古迹来，它似乎羞于见人。科尔德维也难以理解这一事实上的“架空花园”何以堪称“世界七大奇迹”之一。因为即便在这座古城里，比它更引人注目的古迹虽说屈指可数，但也并非没有。

虽说如此，科尔德维还是抑制不住内心的喜悦，激动地向世界宣布：“我找到了‘空中花园’！”从此，世界考古学界沸腾了。围绕“空中花园”的学术争论，纷纷扰扰，喋喋不休。

大多数学者认为，“空中花园”是确实存在的，因为古希腊和古罗马时代的许多历史著述中都有关于它的记载。比如，公元前1世纪中叶西西里岛历史学家狄奥多鲁斯，以及50年后在罗马皇帝奥古斯都在位时代著有《地理学》一书的斯特拉波，都曾先后描写过“空中花园”的情形。

▼即使是“空中花园”，也不可能像苍翠的树木一样万古长存

在今天伊拉克的首都，还有一座根据传说而复原的“空中花园”。

▲巴比伦城内的伊丝塔尔女神门，画中再现了大军出城途经伊丝塔尔门的情景

也有学者予以反驳。这些人指出：不少在自己著作中提及“空中花园”的古人，也仅仅只是从别人口中间接听到“空中花园”的情况，并没有亲眼目睹过实物。而亲自到过巴比伦城的历史学家希罗多德，在大谈特谈巴比伦城的雄伟壮观以及巴比伦塔的凛凛雄风的同时，却对“空中花园”只字未提。这一点恰恰表明，古巴比伦城并不存在壮观的“空中花园”。

针对上述说法，有人提出质疑，声称仅希罗多德一例难以服众，并由此认为希罗多德未曾真的到过巴比伦城。然而事实上，凡是亲临巴比伦城的古典时代的希腊作家，均如同希罗多德一样，在自己的著作中对“空中花园”未置一词。由此，人们有理由对“空中花园”的存在表示怀疑。

还有一个史实不容忽视。尼布甲尼撒死后23年，波斯人占领巴比伦城，不久改变了幼发拉底河的河道走向，河水从此远离巴比伦城。如此一来，“空中花园”即使确实存在过，也会因为缺水而变得面目全非。如果真是这样，百年之后的希腊化作家怎么能见到“空中花园”的真正面貌呢？

而且，那些留下了“空中花园”有关记载的古人们，其写作态度的严谨性也让人心存疑虑。尼布甲尼撒的侍从医生台西亚斯以善于杜撰而著称，他的记载当然难以置信。在狄奥多鲁斯的笔下，我们看到他描绘的是另外一个塞米拉米斯的“形象”：出生以后即被父母遗弃，幸而有一只鸽子每天嘴叼食物喂养她。长大成人后，有着闭月羞花之貌、沉鱼落雁之容的她嫁给了一位朝臣。一日，国王与其邂逅，为其美貌所打动，夜不能寐，最后强夺为妻。她整日郁郁寡欢，穿的衣服分不清是男是女。最后她把王权交给儿子，

▲新巴比伦的石刻雕像。国王那波尼德正在进行祈祷

化为鸽子飞出宫殿，成仙而去……这样的记载，能以其为据吗？

更让人不解的是，建立了丰功伟绩、名扬四邻的尼布甲尼撒二世，流传下来的诏令与书写板无数，但世人却从中无论如何也找不到有关“空中花园”的片言只语。

于是，有人得出了惊人结论：“空中花园”是诗人和古代历史学家的想象力制造出来的一大“世界奇观”。

“空中花园”到底存在吗？如果存在，它究竟身在何方？

也许，“空中花园”确实存在过，但它并非位于巴比伦城。尼尼微古城遗址的发掘，似乎在暗示我们应该换一个角度来思考。在尼尼微宫廷浮雕中，有一幅名叫《尼尼微空中花园》的浮雕，上面的景致印证了古典作家对巴比伦“空中花园”的描述。亚述帝王辛那赫里布留下的诏令中，提到他在尼尼微兴建花园一事，而且他把流经尼尼微城的底格里斯河水引入花园灌溉花草树木。有人认为，这种空中花园实际上是亚述园林设计师为亚述宫廷设计的王家园林。它利用天然山丘或人工堆砌的山丘，种植各种名贵树木、奇花异草，供国王游乐散心之用。这种山丘式的花园称为“空中花园”，也并非让人感觉突兀。也有一些记载提到了“空中花园”，但是认为与尼布甲尼撒无关，而是一位叙利亚国王取悦他的一个爱妃的产物。

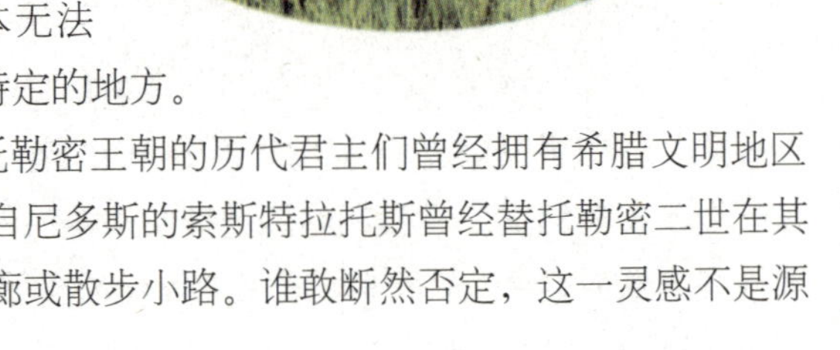

▼也许，只能在岁月的长河中慢慢去寻觅那曾经的“空中花园”了

岁月不居，时节如流，大浪淘沙，物换星移。有关“空中花园”的传说，将永远是一个美好的传说。人们也许根本无法确知它在哪里，也许它并不存在于某个特定的地方。公元前302年至公元前30年间，埃及托勒密王朝的历代君主们曾经拥有希腊文明地区内最著名的花园，法老的建筑师——来自尼多斯的索斯特拉托斯曾经替托勒密二世在其中的一个花园里设计了第一条悬空的走廊或散步小路。谁敢断然否定，这一灵感不是源自古巴比伦？

游行大街

幼发拉底河把整个城市分成两部分，河西为新城，河东为旧城，由架在河上的一座5根石墩支撑着的大桥连通着。旧城是整个城市的主要部分。王宫位于旧城西北角，这里由东至西并列着5个彼此以拱形相通的宽阔的庭院，为厚实的墙垣所环绕。进入正殿庭院的墙垣，用五彩玻璃砌成，玻璃砖的色彩主要是深蓝、浅蓝、白色、黄色、黑色。就在这组建筑群的东北部，有一座非常引人注目的披着花木盛装的“小山”，这就是神奇的“空中花园”。“空中花园”实际上就是建筑在梯形高台上的花园，它建筑于公元前6世纪，毁于公元前3世纪。在这里考古学家们发现了与幼发拉底河相衔接的水

▼这就是尼德兰画家彼得·勃鲁盖尔描绘的著名的“巴别”通天塔的油画

▲被人们尊称为“历史之父”的希罗多德的画像，他的著作可以证明通天塔的存在

▲关于“巴别”通天塔的传说有很多，其中一个是说由于上帝的干预，致使通天塔的建造只能半途而废

池、喷泉，以及运河系统的遗迹。马尔杜克神庙和王宫相去不远。著名的塔庙巴比伦巴别通天塔和神庙并列。有一条“圣路”贯穿于旧城南北，这是新年时马尔杜克神像经过的“游行大街”。

“游行大街”是城市的主要结构轴心，它的宽度约为7.5米。尼布甲尼撒在描述在位43年间一直加以修饰的这条巴比伦主干道时写道：“这是巴比伦第一大街，叫作艾布尔沙布，它是朝拜马尔杜克行列的专用路。我用优质材料建造这条大街，用吐尔米纳班达石和沙渡石铺垫艾布尔沙布，这样它同我父亲建造的工程连接起来，让它成为一条出色的大街。”

关于巴比伦的这条“游行大街”，古希腊史学家的记载呈现一片空白，甚至连希罗多德也不例外。有人据此怀疑希罗多德是否真的到过巴比伦。因为如果答案是肯定的话，那么他必须沿着这条大道去参观马尔杜克神庙和通天塔。如果他去时马尔杜克和通天塔都还在的话，这条大街肯定不会消失得无影无踪。或许大街当时毁坏相当严重，没有引起他的注意。

“游行大街”是巴比伦遗址发掘中唯一让科尔德维感到十分意外的发现，他那充满想象的精彩报道表露了他的欣喜之情，其中写道：不能说这条大街的各个方面无与伦比，但它绝对是自古以来最美的一条大街。大街呈南北走向，从外城墙进入，通向内城墙伊丝塔尔门，然后直达马尔杜克神庙和与之相连接的通天塔。巴比伦城的重要建筑都集中在这条大道的两侧。大街非常独特，因为它夹在7米高的两堵高墙之间，像一条深沟似的横穿外墙。这是进入内墙的唯一通道，敌人要想攻入城内非从此经过不可，一旦进入，

◀后人关于通天塔的描述中，基本继承了希罗多德的思想，高耸入云的塔尖，螺旋式的阶梯，造型气势磅礴

迎接他们的是两边高墙上暴雨般的矢石。

“游行大街”主要由灰色和粉红色石板铺成。更华丽的是两边的墙上装饰着彩色浮雕的各种神兽，张嘴露齿，形态威猛。在深蓝色的背景上，色彩斑斓，令人眼花缭乱，虽然已经残缺不全，但仍然风采不减。科尔德维估计神兽共有575头，这些装饰的作用很明显：老百姓经过这里时，望见豪华的王宫、雄伟的通天塔，不由自主地肃然起敬。一旦敌人入侵，张牙舞爪的神兽又会产生震撼敌胆的心理作用。

进入伊丝塔尔门后，“游行大街”直达市中心的马尔杜克神庙和通天塔。马尔杜克是巴比伦的主神，所以马尔杜克神庙是其他神庙不可比拟的。可惜科尔德维在这里找到的东西不多。据希罗多德记载，庙中由纯金制作的半人半兽的马尔杜克神像，坐在纯金制作的宝座上，旁边有一张纯金制作的大桌子。希罗多德说，神像及其附属品共用去黄金800泰仑。根据考古学家的发现，1泰仑相当于29.68千克。如果希罗多德的数据可靠的话，那么用去了23.7吨黄金。当然这些东西早就消失得无影无踪，科尔德维连一块黄金的碎屑也没找到。

正如尼布甲尼撒的铭文所说，这条大道并不是满足交通的需要，它是一条圣道，供信仰马尔杜克的人们使用。巴比伦的宗教庆典活动非常之多。一般来说，凡是具备巴比伦神庙成员资格的市民，都可以参加宗教庆典活动。在举行庆典的日子里，神庙将向每一位成员赠送一份礼物，包括粮食、肉类、油类、金钱，有时还举行宴会，请教徒们开怀痛饮。这时平常难得出门的家庭主妇和未婚少女们，

▶根据希罗多德的描述，尼姆鲁德圆丘被人们认定为真正的“巴别”塔

也在丈夫和父亲的陪同下来到神庙参加庆典活动。不过，巴比伦的妇女要比亚述妇女开放得多。亚述妇女如果上街买东西不戴面纱是违法行为，必须受到惩罚，而巴比伦妇女则不必戴面纱。神庙和通天塔是国王为大家修建的，因此允许人们去朝拜它们，虔诚的人们经过“游行大街”，拜倒在马尔杜克的金像下，然后在僧侣的带领下，浩浩荡荡地登上通天塔。

▶古巴比伦雕塑作品。汉谟拉比的妻子被神化，后来巴比伦人把她作为神灵来供奉

在巴比伦的宗教活动中，最重要的是新年，每逢新年都要举行盛大的宗教庆祝活动。在这些活动中，有一项是大年初一的迎神活动。这一天，全城的大小神像都要抬到伊丝塔尔的游行大道上，然后沿着大道向城里进发，最后进入神庙。神庙祭司开始高声朗诵赞美诗，歌颂马尔杜克神的伟大。然后，人们将马尔杜克之外的神像从神庙抬出来，欢呼着沿着圣道将它们抬到幼发拉底河河边，连续几昼夜围着神像又唱又跳，雷鸣般的祈祷声在天空中久久回旋。然后，不知疲倦的人们又欢呼着将它们抬回原处。

与其说巴比伦人表现着对神灵的崇拜，还不如说在发泄着旺盛的精力。一旦遇到来自自然界和人类的严酷挑战的时候，这种原始的旺盛精力，将会转化成强大的创造力。依靠这种力量，巴比伦人创造出了一个又一个的奇迹，包括随时光流逝而终将从地球上消失的城市以及光耀古今、生命永驻的科学和艺术。

昔日的文明已距离我们千年万年，但它们的精神依然依附于文字之中，显现于形象之中，仍然向我们诉说，给我们以知识、以鼓舞、以启迪、以教育。

◀《圣经》中描绘的人们修建通天塔的情形，这座高耸入云的高塔装满了巴比伦的奇珍异宝

通天塔之谜

今天的伊拉克首都巴格达的所在地5000年前是一马平川，那里曾屹立着一座无比壮观的巨塔——“巴别”通天塔。它为何称作“巴别”塔？它真的能够“通天”吗？它到底是派什么用场的？

人们并不知道“巴别”塔最初从何而来，只知道早在远古时代，它就走进了犹太人的《圣经·旧约》之中。

根据犹太人的《圣经·旧约》记载：洪水大劫之后，天下人都讲一样的语言，都有一样的口音。诺亚的子孙越来越多，遍布地面，于是向东迁移。在示拿地（古巴比伦附近），他们遇见一片平原，定居下来。由于平原上用作建筑的石料很不易得到，他们彼此商量说：“来吧，我们要做砖，把砖烧透了。”于是他们拿砖当石头，又拿石漆当灰泥。他们又说：“来吧，我们要建造一座城和一座塔，塔顶通天，为要传扬我们的名，免得我们分散在各地。”由于大家语言相通，同心协力，建成的巴比伦城繁华而美丽，高塔直插云霄，似乎要与天公一比高低。没想到此举惊动了上帝。上帝深为人类的虚荣和傲慢而震怒，不能容忍人类冒犯他的尊严，决定惩罚这些狂妄的人们，就像惩罚偷吃了禁果的亚当和夏娃一样。他看到人们这样齐心协力，统一强大，心想：如果人类真的修成宏伟的通天塔，那以后还有什么事

▶“巴别”塔的原貌恐怕没人见过，后人只能根据《圣经》中的说法来仿造，但其规模是不能同日而语的

干不成呢？一定得想办法阻止他们。于是他悄悄地离开天国来到人间，变乱了人类的语言，使他们分散在各处，那座塔于是半途而废了。

在希伯来语中，“巴别”是“变乱”的意思，于是这座塔就称作“巴别塔”。也有人将“变乱”一词解释为“巴比伦”，称那座城叫“巴比伦城”，称那座塔叫“巴比伦塔”。而在巴比伦语中，“巴别”或“巴比伦”都是“神之门”的意思。同一词汇（“巴别”）在两种语言里竟会意思截然相反，着实令人费解。其实这是有缘由的。

公元前586年，新巴比伦国王尼布甲尼撒二世灭掉犹太国，拆毁犹太人的圣城耶路撒冷，烧掉神庙，将国王连同近万名臣民掳掠到巴比伦，只留下少数最穷的人。这就是历史上著名的“巴比伦之囚”。犹太人在巴比伦多半沦为奴隶，为尼布甲尼撒修建巴比伦城，直到70年后波斯帝王居鲁士到来才拯救了他们。亡国为奴的仇恨使得犹太人刻骨铭心，他们虽无力回天，但却凭借自己的思想表达自己的愤怒。于是，巴比伦人的“神之门”在犹太人眼里充满了罪恶，遭到了诅咒。他们诅咒道：“沙漠里的野兽和岛上的野兽将住在那里，猫头鹰要住在那里，它将永远无人居住，世世代代无人居住。”

▲尼布甲尼撒二世青铜像，身体强壮的他曾经降服雄狮，是新巴比伦一位有作为的国王

事实上，“巴别”塔早在尼布甲尼撒及其父亲之前就已存在，古巴比伦王国的几位国王都曾进行过整修工作。但外来征服者不断地将之摧毁。尼布甲尼撒之父那波帕拉沙尔建立了新巴比伦王国后，也开始重建“巴别”通天塔，他在铭文中写道：“巴比伦塔年久失修，因此马尔杜克命我重建。他要我把塔基牢固地建在地界的胸膛上，而尖顶要直插云霄。”但尼布甲尼撒之父只将塔建到15米高，尼布甲尼撒自己则“加高塔身，与天齐肩”。塔身的绝大部分和塔顶的马尔杜克神庙是尼布甲尼撒主持修建的。备受人称赞的“巴别”塔一般指的就是那波帕拉沙尔父子修建而成的那一座。

这座塔的规模十分宏大。公元前460年，即塔建成150年后，古希腊历史学家希罗多德游览巴比伦城

◀“巴比伦之囚”雕刻。描绘了犹太人被巴比伦人俘虏到巴比伦城的情景

时，对这座已经受损的塔仍是青睐有加。根据他的记载，通天塔建在许多层巨大的高台上，这些高台共有8层，愈高愈小，最上面的高台上建有马尔杜克神庙。墙的外沿建有螺旋形的阶梯，可以绕塔而上，直达塔顶；塔梯的中腰设有座位，可供歇息。塔基每边长大约90米，塔高约90米。据19世纪末期的考古学家科尔德维实际的测量和推算，塔基边长约96米，塔和庙的总高度也是约96米，两者相差无几。“巴别”塔是当时巴比伦国内最高的建筑，在国内的任何地方都能看到它，人们称它“通天塔”。也有人称它是天上诸神前往凡间住所途中的踏脚处，是天路的“驿站”或“旅店”。

将塔修得如此高大，真的是如《圣经》中所言，要让失散四方的人们有一个集中的地方吗?

显然不是。人们普遍认为，“巴别”塔是一座宗教建筑。在巴比伦人看来，巴比伦王的王位是马尔杜克授予的，僧侣是马尔杜克的仆人，人民需要得到他的庇护。为了取悦他，换取他的恩典，保障国家城市的永固，巴比伦人将“巴别”塔作为礼物敬献给了他。在“巴别”塔里，每年都要定期举行大规模的典礼活动，成群结队的信徒从全国各地赶来朝拜。根据希罗多德的记载，塔的上下各有一座马尔杜克神庙，分别称上庙和下庙。下庙供有神像。上庙位于塔顶，里面没有神像但金碧辉煌，由深蓝色的琉璃砖制成并饰以黄金。巴比伦人按照世俗生活的理想来侍奉他们的神灵。大殿内只有一张大床，床上“铺设十分豪华”（如同希腊和罗马贵族一样，美索不达米亚贵族也是躺着进食），床边有一张饰金的桌子。庙里只住着一位专门挑选出来陪马尔杜克寻欢作乐的年轻美貌的女子。僧侣们使人们相信，大神不时地来到庙里并躺在这张床上休息。只有国王和僧侣才能进入神殿，为马尔杜克服务和听取他的教诲；这种超级神圣的东西是同老百姓无缘的，他们只能远远地敬拜心目中的神灵，因为如果近在咫尺，普通人经受不起大神的目光。据希罗多德记载，神像和附属物品一共用去黄金800泰仑，折合现价约值2400万美元。考古学家曾经在僧侣的一住处发现一只石鸭，上有铭文“准秤一泰仑”，石鸭约重29.68千克。

考古学家和历史学家认为，巴别塔除了奉祀圣灵还有另外两个用途。其一是尼布甲尼撒二世借神的形象显示个人的荣耀和威严，以求永垂不朽。其二是讨好僧侣集团，换取他们的支持以便稳固江山。美索不达米亚是一个宗教盛行的地方，神庙林立，僧侣众多。僧侣不仅在意识形态上影响着人民，而且掌握着大量土地和财富，如果不在政治上得到他们的支持，恐怕王位也会风雨飘摇。这种忧虑不是多余的，据历史学家研究，尼布甲

▶“巴别”塔不仅仅是一座通天的塔，而且是统治者显示荣耀的事物

尼撒之后，新巴比伦王国迅速衰落，以致波斯人不费一兵一卒就占领了巴比伦城，这与失去僧侣集团的支持有莫大关系。

公元前1世纪的希腊历史学家认为，“巴别”塔是一个天象观测台。新巴比伦人信仰拜星教，星体就是神，在他们的神话中，马尔杜克是木星。新巴比伦王国的僧侣们神秘地登上塔顶，难道真的是侍奉半躺在床上的马尔杜克大神吗？对此希罗多德颇不以为然，现代学者更不相信，说不定正是他们半躺在床上观测天象呢！而且，人类早期的天文知识直接产生于宗教和巫术之中，掌握这些知识的多是僧侣。新巴比伦人取得了当时世界最杰出的天文学成就，这座塔的功劳恐怕不可抹杀。

▲这座塔是人们心目中的圣物，人们希望以此来达到与天相通的愿望

也有人认为，“巴别”塔是多功能的。塔的底层是祭祀用的神庙，塔顶则是用于军事瞭望的哨所。

不管怎样，5000多年以前，当世界上多数民族还处于茹毛饮血的蒙昧时代，在古希腊人称为“美索不达米亚”的地方，一座气势磅礴、巍峨雄伟的通天塔拔地而起，这不能不令人叹为观止，更不能不使当时的见闻者想入非非。

正是这座塔使得无数英雄为之倾倒。公元前539年波斯王居鲁士攻下巴比伦后，即被“巴别”塔的雄姿折服了。他不仅没有毁掉它，反而要求他的部下在他死后按照“巴别”塔的样子，在墓上建造一座小型的埃特门南基（埃特门南基是“巴别”塔的另一个名字，意为“天地的基本住所”）。然而，后来“巴别”塔终于毁掉了，波斯王薛西斯怨恨巴比伦人民的拼死反抗，恨屋及乌，下令彻底摧毁巴比伦城，“巴别”塔厄运难逃，变成一堆瓦砾。即使如此，以热爱文化名垂青史的亚历山大大帝还是爱慕它的雄姿。

◀关于塔的真实用途，现代人只能是猜测而已，但是它留下的传说足以被后世所传诵

公元前331年，他远征印度时，特意来到了“巴别”塔前，英雄与奇观的对话大概只有彼此才能知晓。他一度要修复这座传奇般的建筑，下令全部拆除旧塔。然而，这只是让人空欢喜而已。据说，此时，一只

▲壁画中刻画的名垂青史的亚历山大

◀刻满楔形文字的泥雕。但是这些文字只是增加人们的困惑而已

传播疟疾的蚊子叮了他一下，这位文治武功盖世的一代天骄于是一命呜呼，“巴别”塔也就备受冷落了。事实是，这项工程实在是太大了，仅清理废塔就需要一万人工作两个月时间，于是，他只好打消了这个念头。几千年下来，这座塔已变成了废墟，真的应验了犹太人的诅咒。即便如此，几千年后的考古学家科尔德维见到它时，仍由衷地发出了赞叹之声。科尔德维写道：“尽管遗迹如此残破，但亲眼看到遗迹是绝非任何书面的描述可比的。通天塔硕大无比，‘旧约’中的犹太人把它看作人类骄傲的标志，四面是僧侣们朝拜的豪华的殿堂，许多宽敞的仓库，连绵的白墙，华丽的铜门，环绕的碉堡，以及林立的一千座敌楼。当年这样壮丽豪华的景象，在整个巴比伦是无与伦比的。”

在人们看来，昔日的“巴别”通天塔，比之列为“世界古代七大奇迹”之一的“空中花园”并不逊色，它被视作5000年前美索不达米亚鼎盛时代的标志。那它为何没有列入世界奇迹呢？有人解释说，当第一批关于世界奇迹的名单出现时，“巴别”塔已不存在了，只剩下地面上一个巨大的洞穴。随着时间的流逝，这个洞穴也慢慢地被填平了。只是通过科尔德维的努力，才重新确定了“巴别”塔原来所在的位置。

有人则认为“巴别”塔另有所在。在巴比伦城西南一个叫波西帕的地方，考古学家们发现了一座古塔庙的残骸。远古时代的美索不达米亚平原上，神庙林立，发现一座并不为奇。但问题是，有人在此庙附近发现了一些文字残片，而且根据其中的记载，巴比伦的一个国王曾下令在这里建造塔庙，不知何故，没等竣工，国王突然下令停工，于是就留下了一座半截的塔庙。他们又联想到神话中的“巴别”塔也是没有建完，于是推测波西帕塔庙很可能就是神话中的“巴别”塔的原型。

“巴别”塔留给了我们谜一样的故事，更重要的是，它告诉我们，神灵并不能驱走敌人的铁蹄，它的存在只有靠人们的勤劳智慧。

▶由于工程巨大，无法进行修复，马尔杜克神的光辉再也不能出现在通天塔里了

第四章
洗劫了巴比伦的赫梯人

汉谟拉比时期以后，巴比伦王国由盛而衰，公元前16世纪初被一支赫梯军队攻陷。赫梯人喜爱征战，将自己的国土扩张到了安纳托利亚中部（今土耳其中部）的大部分地区，留下了许多遗址。赫梯人勇于军事扩张冒险，他们闪电般地洗劫了巴比伦，攻陷了曾经征服过众多城邦的强大巴比伦王国的巴比伦城，结束了古巴比伦王国的历史。后来，一场宫廷政变使赫梯人得胜后不得不旋风般地班师回朝，放弃了本可以让他们引以为豪的战果。虽然这些胜利者再也没有回来，但是他们对名城巴比伦的破坏已不可挽回，巴比伦王国的统治者的命运也因此宣告终止。直到现在，汉谟拉比的古巴比伦城还埋在18米的地下，继续沉睡着。赫梯这个神秘的民族仍然是一个谜。

▶西方油画。后人绘制的全副武装的古巴比伦战士形象，他们没有阻挡住更加凶猛的赫梯人

寻找赫梯文明

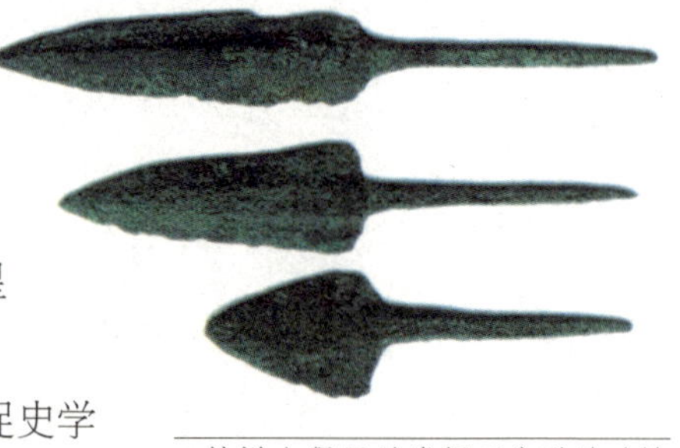

▲赫梯人很早就掌握了先进的冶炼技术，这是他们创造的辉煌文明中的一部分

与历史上那些伟大的文明相比，赫梯文明似乎显得单薄了些。在漫长的岁月里，它的名字鲜为人知，只在《圣经·旧约》里留下些许零星的记载，后世的人们甚至怀疑它的真实存在。

人类文明演进至今，历史的责任感不时地催促史学家们寻根究底，追溯源头。当我们陶醉于古老的巴比伦文明，辉煌灿烂的古希腊罗马文明无穷的魅力之中时，可曾想起在这些古老文明之间架设沟通桥梁的人们。没有他们，人类的文明将是另一番模样。在人类历史长河中转瞬即逝的赫梯人，就是其中之一。

赫梯人没有留下多少自己首创或独创的文化成就。在文学上，他们的成就主要是神话，但其中许多是根据古代苏美尔人的创世和洪水传说改编而成的作品。赫梯的宗教也照搬了美索不达米亚的多神崇拜。宗教活动包括占卜、献祭、斋戒和祈祷，不具备伦理意义。赫梯人用带有自己特色的楔形文记述自己印欧语系的语言，这是仿效美索不达米亚的楔形文字的成果。他们用于铭刻和印章的象形文字，则极可能是受赫梯人原始图画文字和埃及象形文字的影响的结果。赫梯人也没有出色的艺术才能。

的确，有许多别人拥有的他们却没有，但也有一些则是别人没有而他们独具的。赫梯人最突出的文化成就当属法律体系。以《赫梯法典》为代表的赫梯人法律，要比古巴比伦的法律更人道，判处死刑的罪过不多，更没有亚述人法律中那些诸如剥皮、宫刑、钉木桩等酷刑。取而代之的是让大多数罪犯向他们的受害人提供某种形式的赔偿。例如，一个谋杀犯必须向受害者家属提供巨额赔偿。此外，与同时代出现的其他文明一样，赫梯人也善用奴隶，通常都是捕获来的战俘。但是在赫梯社会里，奴隶也享有某些权利，他们被允许拥有财产和赎买自身的自由。而且，在赫梯王国

▶在这块石头上记载着人类历史上第一份和平协议。参与者就是埃及人拉美西斯二世和赫梯人

里，妇女享有美索不达米亚和埃及妇女所享受不到的权利和自由。赫梯法律允许妇女和男子一样拥有职业；皇家的文件和国宝显示国王和王后共享大权。赫梯王朝的某一时期，曾有王后单独临朝统治的记载。赫梯人供奉的最高神明是风雨雷电之神和太阳女神。但与历史上其他文明不同的是，他们也容忍别的宗教信仰。他们被称为“万神的民族”，因为他们允许信仰叙利亚、巴比伦和其他国家的神，并把这些神请进了自己修建起的万神殿里。在赫梯王国最后的几个世纪里，赫梯的国王也被认可为众神之一。赫梯人的艺术才华虽不出众，但他们的雕塑作品新颖生动，尤其是石壁上的浮雕作品。城门和王宫门旁，一般都雕有巨大而生动的石狮。建筑材料则多用巨石，明显优于两河流域所使用的土坯。

令我们不能小视的是，赫梯人有自己独特而辉煌的历史。

在今天土耳其境内一个名叫巴卡科依的地方，有一座废墟遗址。早在公元前 1950 年，这里就已经矗立起城堡和定居点了，它的居民称之为汉梯息，意为汉梯人的土地。他们的城堡建于山丘之上，两面有陡峭的峭崖保护，易守难攻，他们就在这里世代生息。公元前 18 世纪晚期，一支好战部落迁徙而来。没人知道他们从哪里来以及如何迁徙而来，只知道这支部落中的一支突然向汉梯人发难，将汉梯息夷为平地。汉梯息的领袖痛失家园，于是诅咒那些还胆敢在这块土地上定居的人们。然而这个外来的民族置若罔闻，一个世纪不到，他们中的一支就重建了汉梯息，而且将之命名为汉梯沙，使它成为自己的首府。这个部落的领袖把自己的名字改为汉梯沙里，意为“汉梯沙的国王”，由此建立了一个王朝，这就是赫梯王国的开始。他的臣民被称为赫梯人。采用被征服者的名字来奠基立国，古往今来都比较罕见，这个民族真有些让人不可思议。

▲赫梯人制作的人物雕像

这是一个习惯于征战的民族，很快将国土扩展到了安纳托利亚中部的大部分地区。可他们还不满足。公元前 16 世纪中叶，赫梯王国先征服了安纳托利亚以南的叙利亚，然后又挥师南下 500 英里，企图征服巴比伦在美索不达米亚的首府。后来由于王国后方出现内讧，赫梯军队才迅速回撤。公元前 16 世纪初，赫梯军队攻陷巴比伦城，掠走大批俘虏和财宝，主神马尔杜克的金像也未能幸免。公元前 15 世纪末至公元前 13 世纪中期是赫梯最强盛的时期，此间赫梯人摧毁了由胡里特人建立的米坦尼王国，并趁埃及埃赫那吞改革之机夺取埃及的领地，与埃及争霸。埃及

▶拉美西斯二世进攻赫梯的战争

▲赫梯人的战车

第十九王朝的法老们都与赫梯交过手，至埃及法老拉美西斯二世时，赫梯与埃及的军队会战于卡迭什，双方损失惨重，结果于公元前1283年缔结和约。与埃及的争霸，使赫梯元气大伤。公元前1246年，国王汉梯沙里三世采取和亲政策，将自己的一个女儿嫁给埃及的拉美西斯法老。后来发现于埃及卡纳克庙宇墙上的一幅雕刻，就描绘了当时埃及法老迎娶赫梯公主的情景。

世代征战让赫梯人认识到没有强劲的军队是不行的。为了保卫家园，进行对外扩张，赫梯历代国王保持有一支人数多达30万的军队。他们的武器先进，使用短斧、利剑和弓箭。赫梯人在冶铁方面颇具名气，是西亚地区最早发明冶铁术和使用铁器的国家，赫梯王把铁视为专利，不许外传，以至铁贵如黄金，其价格竟是黄铜的60倍。赫梯的铁兵器曾使埃及等国为之胆寒。赫梯人打击敌人最有效的武器是战车；在战场上，他们驱赶披着铁甲的马拉战车冲锋陷阵，所向披靡，使来敌闻风丧胆。

更重要的是，赫梯人充当了两河流域与西亚北非地区文化交流的使者。毫无疑问，某些文化成分就是通过这个中介从美索不达米亚传到迦南人和喜克索斯人中间，可能还传到爱琴海诸岛。可以说，赫梯文明是埃及文明、两河流域文明和爱琴海地区诸文明之间的主要链环之一。然而在近3000年的时间内，“赫梯”成了一个陌生的名字，因为它的文明连同它曾经建立的一切都被淹没在地层之下。公元前1200年，赫梯人的灾难降临了。“海上民族”腓尼基灭亡了赫梯王国。或许是出于天意吧，在长达一个世纪的时间里，整个中东地区一片干旱，庄稼连年歉收，严重地削弱了赫梯王国的实力。长时期的旱灾带来了人们的不安和骚动，居民纷纷外迁，寻找新的稍好一些的生活环境。恰好此时北方的游牧部落和西部民族入侵，内忧外患终于把赫梯王国推向了覆灭的深渊。到公元前1150年，赫梯王国已经彻底地不复存在。那些在城市毁灭时幸存的赫梯人四散奔逃，在许多年之后最终为别的民族所同化。

▼拉美西斯二世雕像。曾经发动对赫梯人的卡迭什之战。后来被埃及人尊为神灵

▲亚述国王沙希姆亚达德的雕像。他通过政变夺取了政权，自称“宇宙之王”

然而赫梯文化在历史上却留下了自己的一页，在赫梯王国覆灭200年以后，在安纳托利亚东部和叙利亚北

部又崛起一系列小王国。考古学家们相信这些王国的人民不会是赫梯人的后裔，但是他们却选择了赫梯人的语言，承袭了赫梯人的一些宗教和风俗习惯。学者们称这些王国的居民为新赫梯人。公元前8世纪，新赫梯王国被亚述所灭，“赫梯”这个民族从此销声匿迹，直至19世纪再次引起世人的关注。

▲亚述王图库尔蒂·尼努尔塔一世雕像。他在位时占领了整个两河流域，亚述帝国空前强大

1834年，法国建筑师、艺术家兼文物古董商查理·特克思尔（1807—1871）来到了安纳托利亚（今土耳其境内）。像其他的文物古董商一样，他此行的目的是寻找希腊和罗马历史里那些曾经有过记载的地方。他希望在安纳托利亚找到罗马人曾建立的一个被称为汰纹的居民点。他不辞劳苦，一个村一个村地走访，最终来到安纳托利亚的北部中心地区一个叫巴卡科依的小村（现名波卡归）。村民们告诉他，村后的山边有一座废墟遗址。胜利之神似乎在向他招手。

他马不停蹄地赶到目的地，简直被眼前规模宏伟的废墟惊呆了。古城废墟的城墙大约圈地300英亩，部分古城墙仍然挺立着。有两条非常宽大的马路，一条有一对石狮守卫，另一条路旁则守候着一个石刻的狮身人面像。

出乎意料的事远不止于此，村民告诉他附近还有另外的废墟遗址并领他前往。一个小时后，只见前方隐约出现了高大的石灰岩山头；再靠近些，石灰岩山头上出现深深的天然裂缝，走进去，里面竟是巨大的房屋。高大的石墙上刻画着几十个男男女女的图像，看上去像是国王和王后，以及仙子和仙女。村民们告诉特克思尔，他们把这个地方称为亚塞尼卡亚，意思是“有雕刻的岩石”。

特克思尔很想惊呼一声：“我找到汰纹了。”然而，废墟规模的宏大粗犷以及两地的雕刻风格告诉知识渊博的他，废墟的主人绝不是罗马人，因为“这里的建筑跟罗马帝国时期的建筑没有关系”。后来他认定可能是浦特利亚，根据古代历史学家赫诺和塔斯的说法，安纳托利亚曾有这么一座城市，只是在公元前547年毁于战火之中。

◀一块石碑上的雕刻。阳光、水、生长茂盛的枣树，这些都是源于对物产丰饶的祈愿

特克思尔去世多年以后，考古学家们发现巴卡科依和亚塞尼卡亚的历史远比公元前547年来得悠久。为了解开这个由特克思尔找到的废墟之谜，科学家们经历了漫长的研究、考察和思索。在他们的共同努力下，搜集了所有可以找到的有关古世界的线索，最终获得了成功。19世纪40年代，英国皇家地质学会成员威廉·汉密尔顿成为特克思尔废墟的第二位目击者。他对亚塞尼卡亚的雕刻画进行了素描，坚信这些遗迹只可能是希腊人或罗马人留下的。因为他打心眼里瞧不起安纳托利亚人，不相信在这片土地上还会有伟大的文明崛起和繁荣过。

▲手拿武器的亚述帝国的士兵们

1872 年，一位名叫威廉·莱特的爱尔兰传教士从叙利亚城哈马得到 5 块带有雕刻的石头。莱特本人并不懂得这些符号，但他认为它们可能是一个被称为赫梯人的神秘民族雕刻上去的。

另一条线索的出现是在 1879 年。一位名叫阿其波尔德·舍斯的英国学者把特克思尔曾经在巴卡科依和亚塞尼亚卡拍下的照片和哈马石头的照片做了比较，发现两处照片上的符号有相同之处，由此揭示出是同一文明从安纳托利亚中北部迁移到了位于几百英里以南的叙利亚。与此同时，其他一些研究亚述和埃及文明的科学家也从文献中找到一些有关汉梯人文明的线索。舍斯认为这些汉梯人可能是《圣经》里提到的赫梯人，并进一步推断说他们可能就是在巴卡科依附近修建山顶城堡的民族。但赫梯人的历史仍然是混沌一片，他们的文明真相仍然未能大白于天下。

最终，打开赫梯人秘密大门的钥匙在千里迢迢之外的埃及被发现了。1887 年，在埃及一个叫阿玛拉的村子里发现了许多记有楔形文字的陶碑。几乎所有的这些陶碑都用“阿卡汀”（一种 19 世纪学者都很了解的楔形文字）所写成，上面多处提到过汉梯人，即赫梯人。但其中有两块陶碑，上面的文字却无人知晓。

1893 年，一位名叫欧内斯特·强塔的法国人类学家在巴卡科依进行了一系列考古挖掘工作。他发现了两块陶碑，上面刻的楔形文字跟在埃及阿玛拉发现的那两块陶碑上无法破译的楔形文字相同。于是，古埃及文明与在巴卡科依修建城堡的那个文明被联系起来了。于是科学工作者们开始提出有关赫梯人的理论，而且，新破译出的公元前 15 至前 12 世纪埃及的文献中提到了这个神秘的民族，人们开始相信历史上曾真的存在过这么一个民族。

到了 1905 年，一位在德国柏林大学里专门从事巴比伦和亚述楔形文字研究的专家开始破译这无人知晓的文字。1906 年 8 月 20 日，他终于找到了答案。一位参与巴卡科依考古挖掘的人交给他一块刻有巴比伦楔形文字的陶碑，即埃及法老拉美西斯二世和赫梯国王赫突斯里于公元前1270年签署的一项和平协议的副本。这样重要的文件一般保存在有关国家官方的档案馆里，这就意味着巴卡科依肯定就是人们长期找寻的赫梯人首都。赫梯人的地理坐标终于被确定下来：就在土耳其这片土地上。

此后，考古学家和社会科学工作者们继续积极地从事考古和文字破译工作，终于使赫梯这个民族的面貌开始逐渐清晰地出现在人们的视野中……

▶和平协议最初是刻在银板上的，也叫“银板文书”

神秘的赫梯王国

公元前17世纪赫梯人首领塔巴尔那建国，定都哈图萨斯。前1595年侵入两河流域，灭古巴比伦王国，前16世纪后半叶泰里皮努斯在位时，颁布王位继承法。前15世纪编成《赫梯法典》。前14世纪开始使用铁器，相传是最早使用铁器的古国。赫梯王国不断地向外扩张，长期与埃及争夺叙利亚的统治权，卡迭什战役后，同埃及缔结和约。后来王国分裂，公元前8世纪被亚述吞并。

赫梯王国位于小亚细亚半岛，讲赫梯语的汉梯人和公元前20世纪迁来的讲涅西特语的涅西特人共同创造了赫梯国家。赫梯王国公元前20世纪兴起于小亚细亚这一古老的文明地区。小亚细亚是近东文明与爱琴文明联系的桥梁和纽带。亚述人曾经于公元前30世纪末至公元前20世纪初在小亚细亚建立了若干商业殖民地，其中最著名的是卡尼什商业公社。亚述人还把楔形文字带到了小亚细亚。

形成于公元前19世纪中叶的赫梯国家当初只是若干小国。人们知道的最早的统治者是库萨尔的皮哈纳及其子阿尼塔。在皮哈纳时期，库萨尔毁灭了涅西特人的哈图什城，其子阿尼塔两次战胜了皮乌斯提统治的哈梯人的国家，并征服了普鲁斯汉达。阿尼塔时期，已不复存在亚述商业殖民地。

赫梯国家记载自己的历史从库萨尔的另一位统治者拉巴尔纳时开始。拉巴尔纳征服了小亚细亚东部的地区，使赫梯国家的版图从地中海扩大到黑海。拉巴尔纳二世（哈图

▼古代赫梯王国首都的遗址

西里一世）使北部叙利亚的阿拉拉赫臣服于自己，还战胜了该地区的乌尔苏和哈苏这两大城市。此时“赫梯”作为一个国家的名字开始用于表示整个赫梯人的国家。

▲表现拉巴尔纳驰骋于战场之上的浮雕

拉巴尔纳二世死后，赫梯发生了所谓“王子们的奴隶的起义”，即被库萨尔征服的地区人民的起义。王亲贵族们在哈图什尔一世的继承者穆尔西里一世的联合下，镇压了这次起义，并迁都哈图什。他野心勃勃地把征服的矛头指向了两河流域南部，于公元前1595年夺取并毁坏了巴比伦城。哈图什尔和穆尔西里两人的征服活动使赫梯国家成了当时近东地区的一个大国。

穆尔西里一世死于宫廷阴谋，赫梯王国陷入王位争夺的内战之中。赫梯国王铁列平于公元前16世纪后期进行了改革，解决了赫梯王国的王位继承问题。改革前的赫梯国王的权力受到彭库斯会议（公民会议）和图里亚斯会议（贵族会议）的制约。这两种会议有权决定王位继承，还管理司法等事务。王位继承问题常常造成政治上的动乱。

铁列平确定了王位继承的原则，即首先应由长子继承王位，长子如果不在，由次子继承，依此类推；如果没有王子继承，就让长女选择丈夫做国王。王室内部互相争斗杀戮的问题也得到解决，国王不得任意杀戮其兄弟姊妹，王室内部纠纷由彭库斯会议做出裁决，国王亲属犯了罪，只由其本人负责，不得牵连其家属，也不得没收其财产。

公元前15世纪末至前13世纪中叶是赫梯历史上的新王国时期，正值赫梯王国最强盛的时期。这一时期编制了《赫梯法典》。在国王苏庇努里乌马什统治时期，赫梯摧毁了由胡里特人建立的米坦尼王国的实力，攻占了米坦尼王国的首都瓦努坎尼，扶持了傀儡国王。他自己的儿子也成为其他一些小国的国王。

赫梯帝国时期的政治体制是中央集权制帝国。国王是统揽军事、行政、外交、司法、宗教等权力的最高统治者。“太阳”成为国王的王衔，国王死后被尊奉为神。

埃勃拉古城重见天日

▲公元前 19 世纪至前 18 世纪阿摩利人王朝的雕像，出土于今叙利亚的塔尔奥尔哈里那里。描绘的是伊丝塔尔和她的两个女祭司站在山顶上的图案

叙利亚境内寸草不生的沙漠中有一个名叫特尔·马尔狄赫的巨大山丘，高出周围地面约 10 米，远远望去气势非凡。就在这座引人注目的荒丘之下，一座鲜为人知的古国都城已经静悄悄地沉睡了 3000 多年……

在亚洲西部的叙利亚北部城市阿勒颇与哈马之间，横亘着一望无际的大沙漠。沙漠区冬季雨量稀少，夏季酷暑难熬，据说盛夏午时地表沙土的高温能够烤熟鸡蛋和面饼。酷热的气候使得地表水的蒸发特别强烈，造成这里异常的干旱。令考古学家们迷惑不解的是，就是在这样一个气候干旱、鸟兽难栖、人迹罕至的沙漠地带，古代叙利亚人竟然建立过繁荣富强的国家，创造出了堪称世界奇迹之一的光辉灿烂的文化。

20 世纪 70 年代末 80 年代初，国际著名刊物美国《国家地理》杂志和法国《历史》杂志以及许多报刊相继撰文报道：在叙利亚沙漠地区发掘出了沉睡达 3000 年之久的死城——埃勃拉古国遗址。这是 20 世纪考古学上轰动全世界的重大事件之一。有人把它喻为“古代世界第八奇迹”；有人甚至认为与“古代世界七大奇迹”相比，埃勃拉古国之神奇还要胜出一筹。

1862 年，法国考古学家梅·戴沃盖率先开始了对叙利亚大沙漠的考察活动，成为向这个“不可逾越的、被当地人遗弃的地区”进军的首批探险家之一。在这次短期的考察中，戴沃盖发现了一座巨塔和一些古建筑物遗迹。这些建筑物具有鲜明的特点，即墙较宽，殿堂较大，柱较高。但由于种种原因，发掘工作没能继续下去。此后近百年间，黄沙肆虐的叙利亚沙漠区再度成为考古学家们遗忘的角落，基本上无人涉足其间。

▶塞琉古王国的安条克三世雕像。曾经和罗马进行过叙利亚战争，可惜以失败告终

1955 年，叙利亚的一个农民在沙漠中偶然发现一个用灰色玄武岩雕刻而成的狮子和一个圣盆，盆的周围刻有行军的武士和宴会的情景。这一发现在当时并未引起

◀泥板浮雕。描绘的是战斗中的士兵形象

人们足够的注意。1964年，意大利考古学家保罗·马蒂尔博士率领罗马大学考古队来到叙利亚，追寻近4000多年前的青铜器时代。他们选中了兀立在沙漠中的特尔·马尔狄赫荒丘，对之进行了连续多年的大规模调查和发掘，结果大喜过望，意外地找到了一座不为人知的王国都城——埃勃拉。

考古队首先发现了宏伟壮丽的特尔·马尔狄赫陵墓，接着又发掘出埃勃拉王国的宫殿和神庙。这些建筑布局和谐，技巧精湛，堪称古代西亚建筑艺术的精华，让人惊叹不已。由于马尔狄赫荒丘遗址的地层叠压完好，因而实际上构成了一幅完整的西亚历史画卷。从考古发掘出土的资料来看，约公元前4000年这里已有原始先民定居，到公元前2900年左右埃勃拉已是西亚比较强盛的国家之一。这个国家是以埃勃拉都城为中心联合附近一些村庄和城镇而形成的，故有学者称之为“城邦国家”。据估计，当时埃勃拉都城里聚居着约3万居民，整个埃勃拉王国鼎盛时期人口为20万～30万，是古代西亚城邦国家中人口较多的国家之一。

埃勃拉城平面大致呈菱形，最宽处约1000米，辟有4个门，遗址总面积56万平方米，城址中央是近似圆形的卫城，直径约170米。1973年，考古学家在卫城中发现了公元前3000年前的王宫。宫墙高达15米，宫殿鳞次栉比，千门百户，结构复杂多变，阶梯走廊曲折相通。在城墙和卫城之间是普通居民的生活区。1975年，考古工作者又在卫城中发现了王室档案库，里面出土了大量完整的文书。主持发掘工作的保罗·马蒂尔博士惊叹道：“我的第一印象是，我好像看到一个陶土碑牌的海洋！”

▲伊丝塔尔宫殿门上的雄狮浮雕造型至今仍然栩栩如生，威武雄壮

埃勃拉古城重见天日无疑应归功于考古人员的辛勤努力。1968年，马蒂尔博士在卫城遗址中发现了一个公元前2000年的无头玄武岩男子雕像，雕像的袍子上刻着26段楔形文字铭文。在26段文字中有一段特别引人注目的铭文，其中写道：“因为埃勃拉之王和伊丝塔尔女神的缘故，将水槽献给大神庙。”这里第一次提到“埃勃拉”，但不能确认其真正的含义。一些考古学家据此推断：这个卫城是古国的首都所在地。1974年，马蒂尔博士在王宫里的一间小房子中，发现了42块散落在地

上的碑牌，有些碑上的楔形文字是苏美尔语，另外的碑上楔形文字无法辨认。1975年9月，考古队又发掘出1000多块这样的碑牌。9月份的最后一天，考古队发掘出一个很大的档案库（或者说是很大的图书馆），里面有大量的泥板文字（亦称“陶土碑牌”，上面刻有楔形文字）。发掘出的楔形文字多刻在石头和泥板（泥砖）上，由于落“笔”处印痕较为深宽，提“笔”处较为细狭，每一笔画的形状很像楔形，故称之为楔形文字。又因为笔画颇像钉头或箭头，故又称为“钉头文字”或“箭头文字”。这些文书不止一次地出现“埃勃拉”一词，其中有段文字写道：“人类创始以来，众王之中没有人夺取过阿尔马纳和埃勃拉，纳加尔之神为坚强的那拉姆·辛拓宽道路，赐予阿尔马纳和埃勃拉，又赐予阿那拉姆、杉树之山和大海。”那拉姆·辛（公元前2291—前2255年在位）是阿卡德帝国君主萨尔贡一世的孙子；大海指的就是地中海。据此，考古学家欣喜地意识到，他们幸运地发现了消逝数千年之久的文明古国“埃勃拉”。

▲壁画中展现的上帝在第四天创造太阳和月亮的图画

埃勃拉出土的“楔形文书”为研究埃勃拉古国提供了资料，也为我们勾勒出一个神秘的国度提供了可能。埃勃拉在考古发现之前一直是一个不为人知的国度，有关这个王国的各方面情况，几乎全部来源于楔形文书的记载。马蒂尔博士对埃勃拉泥板文书进行了长期的深入研究和考证，提出了许多推测和论断。他认为，有些泥板文书至晚是写于公元前2500年，而早期泥板文书是出现于公元前3000年左右至前2500年以前。有一部分（约80%）泥板文书上写着真正的苏美尔语；另一部分（约20%）泥板文书上写着一种古老的闪语（西亚塞姆族方言，或称埃勃拉语）。据此专家们推测，当时的埃勃拉王国可能以苏美尔语为官方语言，而民间语言仍属西亚塞姆族语系的一部分，埃勃拉国最古老的居民有可能是塞姆族的一部分。马蒂尔博士把埃勃拉一部分泥板文书上用苏美尔文字书写的塞姆方言，称为“埃勃拉语”。后来，

◀苏美尔人发明的印章。把文字或图案刻在圆柱上，然后在湿泥上滚动，从而形成图案

他从大量的泥板文书堆中，发现迄今为止最早的翻译词典，这部词典把“埃勃拉语”的词汇译成对应的苏美尔语词汇。这部古老的翻译词典，为今天学者们研究埃勃拉泥板文书提供了方便。但“埃勃拉语”作为塞姆语的一种，究竟与已知的西亚阿卡德语、阿摩利语、希伯来语有何联系，尚是一个待解之谜。埃勃拉泥板文书写有上千个人名、5000 多个地名，其中提到较多的是启什和阿达卡。有一块泥板文书上写有 260 座古代城市的名字，这些城市历史学家迄今还未听说过。另一块泥板文书上写有 70 种动物的名称。一些泥板上写有很多指令、税款和纺织品贸易的账目以及买卖契约。由此可以推断：当时的埃勃拉王国的经济相当繁荣。

▲泥板上面有用楔形文字记载的社会情况

尽管还有相当数量的“埃勃拉文书”尚未破译，但是根据已经释读的大量文书记载，学者们已初步勾勒出这个神秘国度的概况。

大致说来，埃勃拉古国是一个高度发达的奴隶制国家。据早期泥板文书记载，在公元前 3000 年埃勃拉大约处于奴隶制的初期阶段，国王是由选举产生的，任期为 7 年，可以连选连任。由此可见，当时还保存着氏族制解体向奴隶制过渡期军事民主制的一些残余。后来，国王变成了世袭。有一块泥板文书记载，国王埃勃利乌姆在位达 28 年之久，这说明在埃勃利乌姆统治时期，世袭制已经确定下来了。为了表示国王是“天神之子”，

▼古代城堡的遗址。公元 132 年被罗马人围困的犹太起义者曾在这里集体自杀

国王在登基时要举行奇特的涂油礼作为一国之主与众不同的特殊荣誉礼仪，这样给王权披上了神秘的色彩，从而以“王权神授之说”来作为维持政权的精神支柱。国王是有无限权力的专制君主，独揽全国的政治、经济、军事、司法和宗教等大权，他的意志高于一切。国王为了自己享乐，不惜浪费大量的人力物力，役使战俘和本国劳动人民建造豪华的宫殿。即使退位后，也继续享受国家俸禄。有一块泥板文书记载王宫内的饷金名单上有 11700 个人名。埃勃拉王国经济方面的特点之一是王室奴隶制经济得到空前的发展。王室庄园（包括农庄、牧场、种植园和各种作坊）遍布于全国各地。从中央到地方有严密的管理体制，拥有众多的行政管理人员和监督。

▲乌尔的庙宇“兹古纳”遗址。这种象征着美索不达米亚社会秩序和等级制度的建筑遍布每个城市

另外的土地私有者是神庙和世袭贵族，神庙的土地财产主要归神庙僧侣所有，不能自由买卖。神庙拥有众多的奴隶，奴隶除了耕种神庙田地、放牧神庙的畜群外，还在神庙的手工作坊从事各项劳动。神庙的僧侣贵族占有大量土地享有不纳税的特权，他们除了从世袭的寺庙职务中获得收入外，还从事工商业活动，如开设店铺和高利贷、买卖奴隶等等，他们甚至参与政治活动，势力日益壮大。世袭贵族的土地来源有三：一是从祖辈继承而来的；二是通过侵夺或购买兼并而得；三

▶士兵们作战经验丰富，且善于攻城

▲阿卡德人的浮雕。刻画的是萨尔贡一世接见外国使臣的画面

是获赏于国王的土地。除了前面所述的王室土地、神庙僧侣和世袭贵族之外，剩下的则为少量的农村公社土地。由于统治阶级的剥削，无地或少地的贫民不得不依附于神庙或贵族，或沦为佃农，或沦为雇农，或甚至沦为债务奴隶。在埃勃拉王国晚期，贫富悬殊巨大，社会矛盾不断激化。

古埃勃拉王国实行募兵制，拥有一支兵种齐全、装备精良、训练有素、战斗力强的常备军。国王凭借军事力量对内镇压，对外频繁发动侵略战争。泥板文书中有500多处提到幼发拉底河中游一个名叫马利的城邦。马利在相当长的历史时期是埃勃拉统治之下的一个附属国。据说，埃勃拉国王曾将公元前2480年称为“征服马利之年”。开战的原因是马利国王伊布鲁尔·伊尔没有按期向埃勃拉王国交纳贡物，并且占领了埃勃拉王国的一个商业殖民地，于是埃勃拉国王派大将讨伐马利，迫使其投降。据记载，埃勃拉国王曾派自己的儿子去统治马利，担任马利的国王。除了统治马利外，埃勃拉国王经常派军队东征西讨，南攻北战，侵略过邻近的许多城市。上面提及有一块泥板文书记载了260个城市的名字，据专家推测这些城市可能是被埃勃拉王国征服过的地区。随着军事侵略的胜利和王国版图的扩大，大量的奴隶和财富流入埃勃拉国内，埃勃拉的奴隶制也空前地繁荣起来。

正当埃勃拉王国称雄一世的时候，两河流域另一个奴隶制国家阿卡德王国也强盛起来。阿卡德位于巴比伦尼亚（今巴格达）以北，阿卡德城的国王萨尔贡一世（即沙鲁金，约公元前2371—前2316年）先后34次出征，统一了巴比伦尼亚地区，建立了阿卡德王国（约公元前2371年—前2191年），兵锋远达埃及、两河流域北部以及地中海一带。萨尔贡自诩为“天下四方之王”或“大地之王”。一块记载他的赫赫战功的泥板写道：“萨尔贡，王。俯首祈祷在图吐勒的达干神面前，他（指神）把上部地区赐予他（萨尔贡），（此即）玛里、拉尔穆

▶阿卡德人制造的泥版印章

▶公元前2371—前2230年的阿卡德时期的印章。描绘的是战神将邪恶的狮子踩在脚下，象征着女神是在保卫着人类的和平

▲后来西方人描绘的萨尔贡一世的宫廷生活图

提和埃勃拉，直到雪松林和银山。恩利尔不许任何人反对萨尔贡王。”据此可知，萨尔贡曾征服过埃勃拉王国。

阿卡德王国对被征服的埃勃拉王国旧贵族进行无情的打击，强迫埃勃拉人民交纳贡物、金银和牲畜，并提供奴役劳动，引起了埃勃拉人民的强烈不满和反抗。公元前2291年，萨尔贡一世的孙子那拉姆·辛统治时期，横征暴敛，滥杀无辜，他率领军队亲征埃勃拉王国，并将埃勃拉城焚毁殆尽。但王室档案库中的大量泥板文书幸免于难，得以完整保存下来，成为研究西亚历史的珍贵文献资料。

阿卡德王国的军队撤退之后，坚强的埃勃拉人在废墟上重建家园，修筑了宏伟壮观的大神庙等建筑，古城一度恢复了昔日的繁华。但好景不长，大约在公元前2000年左右，游牧民族阿摩利人的铁蹄践踏了这里，再度将这个城市掳掠一空，临走时又放了一把大火将其焚烧。此后，阿摩利人长驱直入，到达巴比伦，建立了古巴比伦王国。埃勃拉城因迭遭浩劫，日渐衰落。公元前15世纪中叶，埃勃拉又遭到赫梯王国的掠夺，埃勃拉城郭基本被赫梯人所毁。从此，埃勃拉居民也突然消失得无影无踪。

埃勃拉毁灭性的灾难究竟是由于统治者内部的纷争造成的，还是由于来自北方的小亚细亚的强悍民族赫梯人的侵略，似乎已经成为永远解不开的历史之谜。有些学者认为，埃勃拉文化并没有随其城市的毁坏而消灭，它先被乌伽里特，后来被巴勒斯坦诸民族继承下来，但这些仅仅是推测而已。

总体来说，古埃勃拉王国的发现是一个具有划时代意义的重大历史事件，在这样一个严重干旱、人迹罕至、鸟兽绝迹的沙漠地区，人类曾经建立过一个繁荣的国家，创造过光辉灿烂的文化，的确是一个了不起的奇迹。将它列为“世界第八奇迹”，从某种意义上而言也不算过分。

消失的古城，并不因为其沉没于地下而淡化了人们的记忆，重见天日的古城依然迷雾不散，向人们展示一个个谜团。人们相信，随着“埃勃拉文书”的释读，一部新的中东历史定会展现在世人面前。

▶阿卡德人制造的黄金器具，上面还雕有图案花纹

赫梯文明博物馆

安纳托利亚博物馆（也称赫梯文明博物馆）是世界上最为著名的博物馆之一，这里展示了人类四大古文明之一、巴比伦文明的一个部分——赫梯文明和亚述文明。

这个博物馆坐落在安卡拉市一座仅存残垣的古堡内，这所立柱支撑圆形拱顶的建筑始建于1464年（也有建于12世纪之说），曾是奥斯曼帝国时期的商业客栈，后因火灾废弃。1921年土耳其政府奠基为博物馆，并于1967年正式对外开放。

▲安纳托利亚出土的赫梯王国浮雕。描绘的是一对母子，表现出他们之间的融洽和谐

博物馆的展品陈列大体是按照年代排列的，它展示了赫梯文明的发祥、发展和衰落的历史过程，表现了赫梯文化承袭哈梯文化，吸收美索不达米亚文化、帕莱克文化、迦南文化以及古埃及文化的痕迹。这些影响体现在赫梯人的政治、经济、语言、楔形文字泥板、宗教信仰、文学艺术、石雕、浮雕等社会生活的诸多方面，同时，赫梯人建立的法典更堪称人类古代文明的重要成就。

▼赫梯人制作的公牛雕塑

博物馆的展览分4个部分：

第一部分展览是从公元前7500年到公元前5500年的石器时代。当时的安纳托利亚，住着一批今天已不存在的部落，这些部落的先民尽管尚处于穴居社会和新石器时代之间的早期农业社会，但从展出的从山洞中取下的岩画看，其生活的内容已经多姿多彩。岩画上描绘有各种色彩，有人，有各种动物，有打猎的情景，并且已经有用火成岩砸制的工具。

第二部分是从公元前5500年到公元前3000年的铜器时代。这时小亚细亚人已经会冶炼青铜。青铜技术并不是孤立发展的，它总是与发达的经济和社会进步联系在一起。曾经有一点令考古学家疑惑不解，因为他们没有发现一个主要的锡矿源或用来熔化锡矿石的火炉的证据，这个谜到20世纪仍未解开。安纳托利亚又一次为此提供了答案。原来，人们在安纳托利亚南部城市塔尔苏斯以北97公里处，发现了一座锡矿，还发现了大量的锡矿石残留物和数以万计的小型陶瓷熔化锅，其中最大的有饭锅那么大。这一切表明，大约从公元前3290年至公元前1840年，这里曾是青铜冶炼中心。

▲雅兹利卡亚岩石上的赫梯雕像。这幅作品作于公元前1250年左右

第三部分是从公元前3000年到公元前2000年。小亚细亚人已经到了后铜器时代，尤其是到了公元前2300年左右，各种铜制用品和武器的使用已十分普遍，装饰品如出土的铜鹿、铜羊已浇铸得十分精致。

第四部分是从公元前1950年到公元前1750年。公元前19世纪中叶印欧人种的赫梯人进入小亚细亚，博兹柯伊废墟遗址上就已经矗立起城堡和定居点了。公元前18世纪晚期，汉梯人和另一支迁徙而来的好战部落之间发生了战争，汉梯息在战火中被毁灭。现代考古学家仍然不大清楚新的民族从何处而来，也不知道他们是突然大举迁徙而来，还是一批一批、积少成多的。反正他们中的一支将汉梯息夷为平地，并进行重建，使它成为自己的首府。由此建立了一个王朝，这就是赫梯王国的开始。

◀赫梯人在石头上雕刻的作品。他们利用石头的天然形状进行制作，既刻画出了优美的作品，又不破坏石头的天然形状

闪米特人的领袖

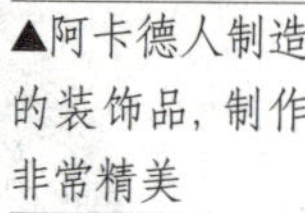

▲阿卡德人制造的装饰品，制作非常精美

闪米特人成为两河流域的主导民族，是从阿卡德人统一美索不达米亚开始的。

约公元前 3000 年初，闪米特人的一个游牧部落，迁徙到两河流域的北部，在阿卡德这个地方建立了城邦国家，所以被称为阿卡德人。这一支草原来的民族十分好斗，大约在公元前 24 世纪时，阿卡德人中出了一位杰出领袖萨尔贡，在他的领导下阿卡德人击败了苏美尔人的乌鲁克等城邦国家，统一两河流域，建立了萨尔贡帝国。

萨尔贡出生于阿吉利那尼城，母亲是一位高级祭司，父亲不明确，所以很多人都推测他是一个私生子。据说他的母亲在生下他之后，不敢把他留在身边，就找来一个芦苇筐，涂满沥青，然后把萨尔贡放到筐里，抛进幼发拉底河任其漂流。后来芦苇筐漂到吉什王宫，萨尔贡被王宫里一个取水的水夫救出并收养。萨尔贡逐渐长大，由于养父的关系，他得以常常出入王宫。后来由于吉什国王在对外战争中失利，引起国人的不满，萨尔贡利用这个机会，争取到人民的支持，发动了宫廷政变，一举推翻了国王，自立为君主。

◀▼阿卡德王朝时期的大型石雕作品。整个画面层次清晰，气势磅礴，是一件不可多得的古代艺术精品。下图是局部的精彩展现

萨尔贡取得政权之后，即开始对外征服，开拓疆土。他几乎摧毁了所有的苏美尔城邦。随后又挥师转战埃兰、叙利亚和小亚细亚等地。在他当政的半个世纪里，率兵出征 34 次，擒获国王 50 多个。萨尔贡用铁骑和铜剑，赢得了一片大大的疆土。他统一了两河流域，建立了萨尔贡帝国，并且确立了中央集权

统治，自立为“天下四方之王”。他把都城从吉什迁到新都阿卡德，吉什王国也由此改为阿卡德王国。

随着阿卡德王国的逐渐强大，游牧的闪米特人也逐渐改变了他们的生活方式。他们走出帐篷，开始用火烧的泥板建造房屋，并且从事农耕和商业活动。同时，他们接受了苏美尔人的一些先进的农业文明。而且在民族血统上，阿卡德人也逐渐和苏美尔人融合。

▲阿卡德人的杰出领袖萨尔贡的青铜头像。考古学家认为他是世界上第一个独裁者

▲阿卡德人对苏美尔人的楔形文字进行改进，使其更加完善

正是在这一过程中，阿卡德人逐渐失去了征战的锐气，国家也逐渐衰落。公元前2191年，另外的一支闪米特人从沙漠突然而至，阿卡德王国不能抵挡，于是亡国。新来的闪米特人叫作库提人，但是他们对两河流域的统治不到100年就逐渐丧失锐气。就在整个美索不达米亚一片混乱的时候，苏美尔人重振雄风，恢复了对两河流域的占领和统治。

然而，这时由苏美尔人建立的乌尔第三王朝只不过是苏美尔人的回光返照而已，因为到公元前2007年的时候，他们就在埃兰人的进攻下亡国。这一短暂的辉煌文明给后世留下来的只是一部法典——《乌尔纳木法典》，这是乌尔第三王朝统治者乌尔纳木统一两河流域之后颁布的，也是迄今为止所知的人类历史上最早的法典之一。

▼石刻作品。这是乌尔纳木制定的人类历史上已知第一部法典

▼乌尔纳木建立乌尔第三王朝后，又重建了乌尔城

第五章
铁血王朝的发现

古代的小亚细亚，也称安纳托利亚，是现在土耳其的亚洲部分。

土耳其地跨亚、欧两洲，位于地中海和黑海之间，有“东西方桥梁”之称。其中欧洲一小部分领土位于巴尔干半岛东南部，亚洲部分领土位于小亚细亚半岛。小亚细亚半岛东接伊朗，东北邻格鲁吉亚、亚美尼亚和阿塞拜疆，东南与叙利亚、伊拉克接壤，西北和保加利亚、希腊毗连，北濒黑海，西与西南地中海与塞浦路斯相望。博斯普鲁斯海峡和达达尼尔海峡以及两海峡间的马尔马拉海，是沟通黑海和地中海的水道，扼欧亚交通之要冲，自古以来为咽喉要道。

▲神庙里的僧侣是一个特殊的阶层，他们可以享受各种特权

安纳托利亚文明

哈图莎（赫梯城）废墟遗址位于土耳其乔鲁姆省的博兹柯伊村，城内有赫梯国王的王宫。古城附近的阿拉加霍于克，是赫梯人最早的居住地，1986 年，联合国教科文组织将其作为人类文化遗产，列入《世界遗产名录》。

中东是人类古老的文明摇篮，土耳其是中东古文明的摇篮之一，也被人们称为连接古今文明的纽带。英国历史学家汤因比把人类 6000 年文明划分为 26 个，其中巴比伦、古埃及、赫梯、拜占庭、古希腊、基督教、东正教、阿拉伯、波斯和奥斯曼等文明都在这片古老的土地上留下了深深印迹，不同时期文明的古迹遍布土耳其。

古代的小亚细亚，也称安纳托利亚，就是现在土耳其的亚洲部分。

据考证，早在公元前 9000 年至公元前 7000 年，安纳托利亚人已经开始种植原始小麦，饲养山羊、绵羊等动物。迄今所知，世界最早的部落遗址就是在安纳托利亚南部的恰塔尔霍尤克，历史上最早的风景画现存于该遗址的古屋墙上。

考古学家发现，在新石器时代，占地 13 公顷的恰塔尔霍尤克大约有 6000 人居住，那时的人们不仅能熟练地耕作，还用从附近两座火山上采集来的黑曜石制成匕首和镜子，并用黑曜石来换取贝壳和燧石等货物。他们还掌握了冶炼金属的技术，用铜和铅制成了所需的物品。古代的安纳托利亚人可能是世界上最早使用铁的人，时间可能在公元前 5000 年。

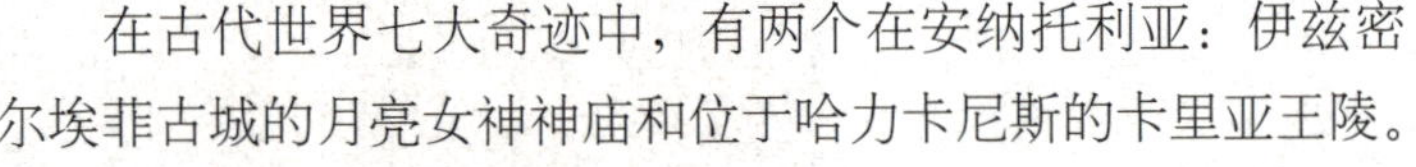

在古代世界七大奇迹中，有两个在安纳托利亚：伊兹密尔埃菲古城的月亮女神神庙和位于哈力卡尼斯的卡里亚王陵。安纳托利亚相传也是最早的基督教圣地，圣经中的伊甸园灌溉水据说源于一条大河，河水流出伊甸园后分成了四条河流，其中两条分别是发源于土耳其东部山区的底格里斯河和幼发拉底河。安纳托利亚的亚拉腊山，据说是诺亚方舟的停靠地。

▼为了传播教义，耶稣亲自到各地去讲经布道

在圣保罗一生中，大部分出使之行都是在安纳托利亚，并在此地写下了《圣经》中的大部分内容。相传出生在耶路

撒冷的圣母玛利亚失去爱子基督后，离开家乡北上，就是在这里逝世的。而基督教七个天启教堂都建于安纳托利亚，它们位于埃弗斯、士麦那、佩尔默姆、锡亚蒂拉、萨尔迪斯、费拉德尔菲亚和拉奥迪申。

无论从地理、种族还是历史方面来说，安纳托利亚都是一个极具多样性的地区，这种地形上的生态环境，使安纳托利亚成为不同文化的万花筒，来自亚洲和中东的许多民族接连不断地在这些山地、平原和河谷相遇，进行无止无休的贸易和征战。

▲描绘基督教的创始人耶稣的壁画

在这片土地上，有文字记载的最古老的文明当属赫梯文明。目前史书记载的关于安纳托利亚的历史，几乎都与赫梯人有关。赫梯文明诞生于公元前2000年初叶，发祥于安纳托利亚高原，历时500余年的繁盛，是古代近东文明的重要组成部分。赫梯文明虽然属于人类文明史中相对独立的一支，但是它受到起源于底格里斯河和幼发拉底河流域苏美尔人创造的美索不达米亚文明的影响是显而易见的。据考证，《旧约全书》中所载的赫人即是赫梯人的祖先。不过，直到19世纪后半叶，赫梯人的历史虽然在安纳托利亚、美索不达米亚两河流域、巴勒斯坦和埃及等地的考古发现中得到浮雕、象形文、楔形泥板文书和其他雕刻品的佐证，但它仍然仅限于《圣经》的提示而难以取得突破，人们并不知道它的确切位置。

直到1834年，有个法国建筑师兼文物古董商来到了土耳其的安纳托利亚，此人名叫查里·特克思尔，他在安纳托利亚的偶然发现轰动了世界，无意中打开了古赫梯文明的大门，并探寻到一个在3000年前就已消失的帝国。

人类第一个和平条约

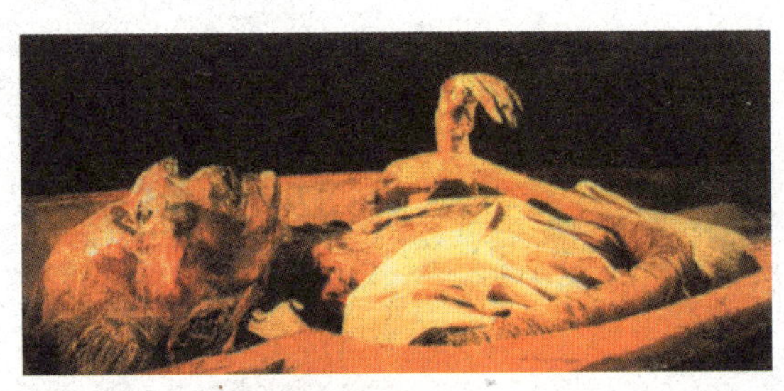

▲拉美西斯的木乃伊。他是埃及历史上统治时间最长的法老

1906年8月20日这一天，令德国柏林大学里专门从事巴比伦和亚述楔形文字研究的专家温克勒终生难忘。有个挖掘工人交给他一块刻有阿卡德楔形文字的泥板。这块泥板，就是后来轰动世界的人类历史上的第一次战争和约——即埃及法老拉美西斯二世和赫梯国王哈图施利三世于公元前1270年签署的一项和平协议。原来，这些泥板是赫梯人的编年史，上面记载历史上著名的卡迭什战役，这也是人类历史上有记载的第一场重要战争，是埃及法老拉美西斯二世与赫梯人之间的战争。

这场战争发生于公元前1312年，它也是有史以来第一次以缔结和约的方式宣告结束的战争。

埃及是世界上历史悠久的文明古国，其疆域位于非洲东北部的尼罗河谷地，并一直扩展到西亚的巴勒斯坦和叙利亚一带。当时埃及的法老时代已历经1500多年，正处于第19王朝统治之下。

赫梯在公元前2000年左右出现于安纳托利亚，他们最先发明了铁制的武器，常常攻掠周边国家和民族。公元前16世纪，他们打垮了强大的巴比伦帝国，攻陷了其首都巴比伦。公元前15世纪，赫梯帝国进入鼎盛时期，占领了腓尼基并侵入叙利亚、巴勒斯坦。为了建立在西亚的霸权，赫梯人步步逼近，与驻扎在西亚的埃及军队关系极为紧张，已到了剑拔弩张的地步。

埃及法老拉美西斯二世（公元前1304—前1237在位）是一位雄才大略的

▶大理石雕像。人们将拉格什王子制作成狮身人面的形状，对后来埃及人的文化发展产生了很大的影响

君王，他看到赫梯的势力严重地威胁着埃及利益，双方迟早必有一战。经过五年的整顿内政，积蓄财力军力，他集结了四万铁骑，准备讨伐赫梯。

▲拉美西斯二世神庙浮雕，纹理清晰，人物活灵活现

赫梯安插在埃及的谍报人员得知这一消息十分吃惊，连夜用木棒在泥板上以楔形文字刻下秘密情报，派人带回赫梯帝国的都城，呈给国王穆瓦塔利。国王连忙召集部下商议。他们赶到赫梯帝国南部的要隘卡迭什城，只见山脚下左边是一条通向大海的大道，右边是深不可测的茫茫山谷，其中有条水势湍急的河流，名叫奥伦特河。国王仔细观察了一番地形，当即下令手下将领分头准备作战。

这时，埃及法老拉美西斯二世正率领着他那威震四方的阿蒙神军团、拉神军团、普塔军团、苏太哈军团，浩浩荡荡向北挺进。大军接近卡迭什高地，法老见前方山路曲折，便下令部队暂停前进，布下岗哨，就地安歇。半夜，埃及哨兵发现灌木丛里有两个人影在探头探脑，便立即冲上前去，把这两人抓了起来。法老亲自审问，得知是没来得及撤退的赫梯士兵。他们招供道：“赫梯国王为了躲避贵国的军队，已命令卡迭什驻军撤退到远处去了。”

▲在这块浮雕壁画中描述了那场轰轰烈烈的卡迭什之战

法老感到机不可失，不等天亮，就率领身边的阿蒙神军团渡过奥伦特河，向卡迭什冲去。当时埃及军队大部分还未赶到，法老派人通知后续的拉神军团火速进军，到卡迭什城堡会师。

谁知他们抓到的那两个赫梯士兵是奉命来提供假情报的。赫梯国王穆瓦塔利见埃及人已经上当，便调拨 2500 辆战车，包抄到法老后面，突击正在行进中的埃及拉神军团。拉神军团猝不及防，很快就被赫梯人击溃。随后，赫梯战车部队调转车头，包抄了法老所带领的阿蒙神军团的后路。这时拉美西斯二世正在和部下商议如何攻城，万万没想到赫梯

▼埃及军队的壁画图

▲描绘卡迭什之战的浮雕碎片

军队从后面杀来，顿时乱了阵脚。赫梯大军向埃及人发起猛攻，潮水般冲进了埃及军营。

赫梯国王下令发动进攻，他把所有的战车和士兵全部派了上去。

眼看着赫梯人胜利在即，突然他们的军阵背后开始骚乱。原来是埃及的普塔军团、苏太哈军团闻讯赶来。被围的法老和埃及士兵见援军到了，顿时勇气倍增，一阵内外夹击，终于杀出重围。赫梯军队也无力再战，只好收兵退入卡迭什城堡。

卡迭什恶战使双方都遭到惨重损失，只好各自罢兵，但是双方都心有不甘。

在此后漫长的岁月中，双方展开了拉锯战。你攻我守，我打你防，互有胜负，又都不肯罢休。连年战火，使赫梯大伤元气，埃及也被战争拖累得疲惫不堪。

公元前1273年穆瓦塔利去世。赫梯首都哈图莎再次发生政变。穆瓦塔利之弟哈图施利三世篡夺了侄子的王位，并将他的侄子放逐。然而，这位篡权的国王却在历史上青史留名，这不是因为他的劣迹，而是因为他的权术和作为政治家远大的谋略。在卡迭什之战过后16年的公元前1259年，哈图施利三世派使者带着一块银制的字板去了埃及。

1905年，写有这种楔形文字的一块博兹柯伊泥板到了德国亚述学家胡戈·温克勒手中。温克勒和一组助手于10月下到博兹柯伊的发掘坑内，发掘出34块泥板，其中大多数是用这种无法翻译的楔形文字写的。

这些泥板文及博兹柯伊巨大的遗迹范围似乎显示，这一遗址乃是赫梯人一座重要城市，而这种楔形文字可能就是赫梯人的文字。

为查明这一点，他决定次年再度对其进行发掘。这一次，温克勒和他手下的人早早来到这里，他们在通常被称为大城堡的附近，很快挖出了排列整齐、保存完好的泥板文。温克勒意识到，这个地方显然不是普通的居民点，他猜测“很可能，博兹柯伊是一个重要的中心”。让他疑惑的是，这处遗址与赫梯人之间究竟是什么关系呢？看来，要想解开这个谜，只有耐下心来继续向下挖掘。第20天后，一位挖掘工人给温克勒带来一块保存得非常好的阿卡德语泥板。温克勒回忆道：“看它一眼使我以前的所有

▼埃及战象勇不可当

经历都相形见绌。”

他看到了什么呢?

让我们的视线再回到那场遥远的战争中去：满头白发的埃及法老拉美西斯正准备向赫梯发动第28次进攻。士兵们向他报告“赫梯人来了”。当法老远远看见赫梯使者手里捧着闪闪发光像磨盘一样的东西时，马上想到：“难道赫梯人又造出了什么新的武器？”等赫梯人向法老恭敬地敬礼，递上那块字板时，法老惊讶了。原来这是赫梯人刻在银板上的战争和约，开头刻有“伟大而勇敢的赫梯人领袖哈图施利”“伟大而勇敢的埃及统治者拉美西斯”的字样，下面刻着两国之间的和约：确立两国间的和平，互相信任，永不交战；一国若受到其他国家的欺凌，另一国应出兵支援；还规定，任何一方都不许接纳对方的逃亡者，彼此保证互有引渡逃亡者的义务等18条。埃及法老深受感动地接过了这块银制字板，表示接受赫梯人提出的和平条约。

考古学家在博兹柯伊发现了45封与此条约相关的信函。哈图施利三世是位高明的政治家，他后来又将自己的两位公主嫁给了拉美西斯。

拉美西斯随后在埃及的神庙里以浮雕形式纪念这一联姻。尽管浮雕已受到严重侵蚀，但可以看得出身着高雅服装的哈图施利三世和他的女儿，向宝座上的法老走来，举着双手表示敬意。

埃及－赫梯联盟持续了半个多世纪。

埃及人也把卡迭什之战的记载与和约全文刻在了卡尔纳克神庙和底比斯的拉美西斯二世神庙的墙壁上，至今这些文字还保留着。

作为一个优秀的考古学家，温克勒对此当然不会陌生。而他的助手此时拿给他的泥板，正是用阿卡德语写成的、关于这次战役与双方和约的赫梯人一方的版本。看到这个文件，温克勒怎能不激动，他终于找到了那个在《旧约》和古埃及神庙中提到的赫梯人和他们创造的帝国，认识到博兹柯伊就是考古学家们长期寻找的赫梯人的首都。至此，赫梯人那不易捉摸的历史最终被确定下来——他们原来就在土耳其这块古老的土地上。

直到1912年温克勒逝世之前，他一直在博兹柯伊废墟遗址上从事挖掘，一共发现了一万块泥板或它们的碎片。遗憾的是，尽管他根据许多写有阿卡德语的泥板文能够确定零零散散的赫梯君主的姓名和业绩，为最终重新描述赫梯历史奠定了基础，但大多数的泥板文却仍然倔强地保持着沉默。温克勒未能如愿地破译赫梯人的语言，他只能从古巴比伦人所用的阿卡德语泥板中，来窥测赫梯人的历史。有许多情况仍然无法弄明白，这对他来说是终生的遗憾。

▶拉美西斯大帝坐在自己的战车上的情景

破解赫梯文字

破译赫梯人语言这一荣耀最终归属于捷克亚述学教授贝得里希·赫罗兹尼。这位天才的学者终于让那些写在泥板上的赫梯楔形文字吐露了一部分它们保持了3000多年的秘密。1915年，赫罗兹尼对楔形文字赫梯语释读成功，并将泥板文书翻译出来。

赫罗兹尼是古代闪族语语言专家，他并不能理解赫梯语本身，却能熟练地读懂楔子形状的字体。他从语音方面进行研究，挑出仿佛是专有名称的那些词，然后再鉴定出直接从巴比伦楔形文字中借用过来的表意词，也就是图形字，赫梯人从这种文字发展出自己的书写传统。

▲遗址中出土的青铜器

他宣布，赫梯语不是中东语言的一支，而是与起源于欧洲和印度的亚欧语系相连的印欧语言。其结论是根据名词和动词的词形变化作出的。如，名词主格以 -s 结尾、宾格以 -n 结尾；动词现在时第三人称单数用 -ti，复数用 -nti 等等，这些特征都充分证明它们出于印欧语源。

▼古地亚青铜雕像。斜披在身上的薄衫，露出结实的臂膀

直到此时，人们才知道，印欧语系的安纳托利亚诸语言包括赫梯语、巴莱语、卢维语、象形文字卢维语、吕底亚语、吕西亚语。前三种是1905年以来在博兹柯伊－哈图莎出土的楔形文字泥板文献中发现的，其时间约为公元前2000年。象形文字卢维语主要是安纳托利亚南部和叙利亚北部的碑铭、印记等，约可溯至公元前1200—前700年。用字母文字书写的吕西亚语和吕底亚语，可溯源到公元前600—前200年。

在赫梯语出现之前的哈梯语，在楔形文字赫梯语文献中写作“attili”，常被误认为赫梯原始母语，实际却是底层语言，与赫梯语及其姊妹语言无关，也与同样通行于安纳托利亚地区的胡里语、乌拉尔图语无关。很难断定赫梯人在安纳托利亚有多长时间，但是可以肯定，在赫梯新王国时期（公元前

1400—前 1190 年），哈梯语已经消亡。

在赫罗兹尼的研究基础上，到了 20 世纪 40 年代中期，学者们对赫梯人文字的所有形式都有了相当的了解和把握，并逐渐了解到，赫梯语的发展，根据赫梯王国的历史，可分为：古赫梯语，相当于古王国时期（公元前 1700—前 1500 年）；中赫梯语，相当于“黑暗时期”（公元前 1500—前 1400 年）；新赫梯语，相当于新王国时期（公元前 1400—前 1190 年）及赫梯新国家时期（公元前 1190—约前 700 年）。

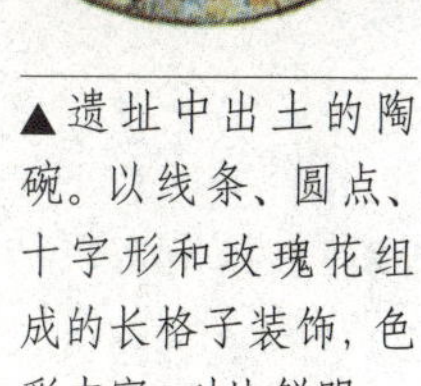
▲遗址中出土的陶碗。以线条、圆点、十字形和玫瑰花组成的长格子装饰，色彩丰富，对比鲜明

20 世纪初，另一支德国的考古队也在博兹柯伊开始考古挖掘，他们的发掘重点主要放在测量绘制赫梯人的古城的城墙、庙宇和宫殿上。这项工作，后来因两次世界大战而中断，从 20 世纪 50 年代起，博兹柯伊地区的考古工作得以恢复。至今，考古人员在此地发现泥板的总数达 25000 块，这其中包括了德国考古学家彼德·涅夫于 1990 年至 1991 年间在一个赫梯皇室档案馆发现的 3000 多块。

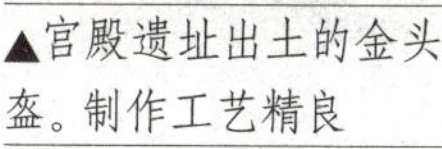
▲宫殿遗址出土的金头盔。制作工艺精良

通过世界各国考古学家、历史学家和语言学家的共同努力，人们终于了解到，安纳托利亚丰富而复杂的历史可以追溯到波斯人、希腊人和罗马人之前的几千年，这高地上的废墟遗址是世界上已知的远古文明之一，可以追溯到公元前 7000 年甚至更早。在赫梯文明出现之前，安纳托利亚高地上就有人定居过。赫梯人在这里建立了辉煌的帝国，然后又消失在历史的长河之中。他们的活动，构成了安纳托利亚文明壮丽的一页。

如今，这一切的遗迹已被收藏在安纳托利亚的赫梯文明博物馆中。走进这里，人们可以看到这一地域文明的兴衰，感受到历史的沉重脚步。

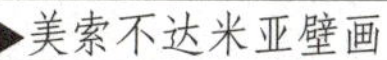
▶美索不达米亚壁画

哈图莎兴衰之路

▲描绘出征的将士得胜归来的壁画

赫梯人喜爱征战，他们很快将自己的王国扩展到了安纳托利亚中部的大部分地区，现代考古学家在这里发现了大量他们留下的废墟遗址。赫梯人的军事扩张行动远不止于这一地区。

哈图莎的心脏是一个建于山丘上的城堡，由于两面有陡峭的悬崖保护，极为易守难攻。赫梯人在城堡的另外两面修筑了又厚又高的斜墙来防范可能侵犯的敌人。

从安卡拉东行约150公里，便可到达乔鲁姆省的博兹柯伊村，这里便是历史上著名的赫梯帝国首府哈图莎古城。现在的遗迹还有城墙、塔楼、城门等建筑，以及近年来发掘出的卫城、5座神庙和数以万计的楔形文字泥板文书。这些泥板使用的语种主要是赫梯语、巴比伦语和阿卡德语等，内容涉及政治、经济、宗教等各个方面。

赫梯人在泥板上曾记载其历史的三个时期，并提到赫梯国王哈图施利一世统治期间在哈图莎建造了繁华的都城。其孙穆尔西利又击败胡里人，摧毁阿勒颇，并乘胜攻占了巴比伦城而归。

至今，据说是当年的穆尔西利的头骨仍在安纳托利亚博物馆中陈列着。

▼士兵在战场上作战。两轮战车大大加强了他们的战斗力

赫梯人的社会被严格地分成了几个等级：最上层的自然是国王和王后了，王室之下是贵族阶层；这一阶层下面是将军和朝廷的官吏；再往下则是商人和手工艺者，诸如铁匠和陶匠；他们之下则是那些耕种小麦、大麦，经营蜂蜜和果树，为城堡提供食粮的农民；处于最下层的是奴隶。所有这一切都由一个已形成文字，又极为详尽的法律条文来约束，该条文对谋杀、强奸、叛国和其他罪行的惩罚做了详细的规定。

如果说赫梯人的法律相当严厉，那它也非常公正，反映了社会间的一种平衡。诸如酷刑一类的野蛮惩罚为法律所不容，取而代之的是让大多数的罪犯向他们的受害人提供某种形式的赔偿。例如，一个谋杀犯必须向受害者家属提供巨额赔偿。与那一时期出现的其

他文明一样，赫梯人也用奴隶，通常都是捕获来的战俘。但是在赫梯社会里，奴隶也享有某些权利，他们被允许拥有财产和赎买自身的自由。

赫梯人信奉神，但与历史上其他文明不同的是他们也容忍别的宗教信仰。他们被称为“万神的民众”。考古学家在哈图莎废墟遗址上找到过31座神庙的遗址，其中最宏大的，也是保存最完好的被称为大殿。它占地5英亩左右，是一座建筑复杂、四通八达的庙宇，可能曾经拥有200多名僧侣、神职人员、乐师以及其他供奉神的人。考古学家们曾于1962年在大殿的一间贮藏室里发现一块泥板，其文字显示此庙宇是为供奉风雨雷电之神和太阳女神而修建的，他们是赫梯人供奉的最高神明。在赫梯王国最后的几个世纪里，赫梯的国王也被认可为众神之一。

赫梯文明繁荣了5个多世纪，但到了公元前1200年，灾难降临了。科学家们已找到证据证明大约在不长的几年时间内，哈图莎和其他许多赫梯城市就被夷为平地。在他们那繁华的首都哈图莎，到处是被烧毁的遗物碎片和烧焦的瓦砾，尽管考古学家目前尚不清楚毁灭哈图莎的那神秘的敌人到底是谁，但从遗迹可以看得出来，哈图莎的敌人是以冲天大火烧毁了这座城市，从火焰熏黑的城墙内壁上仍可看出他们所放的火势之烈，整座哈图莎竟没有一座建筑物依然耸立。

▼遗址中发现的壁画复原图

考古发现，同时受灾的不仅仅是赫梯人的首都哈图莎，在目前已辨认出的零零散散的其他赫梯城市，有大量的证据表明那些城市也遭受了类似的破坏。1993年德国考古学家在赫梯首都之东200公里的库萨克里，挖出了一座土砖墙壁也被大火烧毁的巨大的建筑群，在该建筑物的54个房间里到处都是散落的巨大的赫梯陶器堆，其中有些陶器因受烧毁建筑物的大火的高温烘烤而熔化。总之，赫梯人遭到了灭顶之灾，所有的赫梯城镇被毁为废墟。

虽然赫梯王朝的覆灭来得迅猛而突然，但致使它遭此灭亡的各种条件因素却已孕育了好几十年。

在叙利亚，新赫梯人建立起了城邦，并持续到公元前8世纪左右。正是这些叙利亚的新赫梯人雕刻了后来在哈马斯找到的石头；而《圣经》里提到的也正是这些新赫梯人。哈马斯石头和从《圣经》上得到的零散信息仅是第一手线索中的一部分，这些线索帮助现代学者解开了赫梯文明之谜。

▶《旧约》中提到的死海绿洲恩格迪出土的陶罐

印欧语系的起源

自从赫梯楔形文字的神秘密码被解开之后，赫梯人才开始抖落那3000多年来埋在他们身上的尘土，他们那神秘的面容逐渐清晰地出现在世人面前。

哈图莎（博兹柯伊）的发掘及其楔形文字的释读成功，奠定了一门新的学科——赫梯学的基础。赫梯学的主要内容是研究从远古到公元前10世纪中叶小亚细亚（即土耳其亚洲部分）居民的历史、文化和语言。

▲石碑的一部分图案

前面我们已经提到，1915年，捷克学者赫罗兹尼对楔形文字赫梯语释读成功，他宣布，赫梯语不是中东语言的一支，而是与起源于欧洲和印度的亚欧语系相连的印欧语言。从那时起，现代人才真正认识了赫梯文化，也认识了赫梯人的首都哈图莎城。

然而，赫梯历史仍有一小部分无法了解：其中包括一样用赫梯象形文字写就的文本。19世纪80年代末，一位名叫阿切贝尔德·赛斯的学者破译了6个象形符号。其中一些是当他发现了一枚所谓的双语制银质印章时破译的，印章上用赫梯象形文字和一种已知的胡利安方言写的楔形文字的双语铭文。1946年，这一不解之谜有了新的突破，在土耳其南部的一座新赫梯要塞遗址，伊斯坦布尔大学的一位教授在两座相同的门之两侧发现了刻有文字的平板。每座门右侧的饰板上刻的都是赫梯象形文字，左侧饰板上是用可读懂的闪族语文字写的腓尼基语。由于各块饰板上的内容几乎相同且文本很长，所以，学者们正好可以利用这些长长的铭文，编写赫梯象形文字的释义用词和语法。这样，史学家终于有了进入赫梯王国的钥匙。

▼据科学家考证，泥板上记录了当时的社会生活情况

▲古代雕像，人物表情夸张，眼睛大而有神

在读懂赫梯语言这一多年困惑了无数语言学家的难题之后，又一个不解之谜随之而来。即如果赫梯人确实讲的是印欧

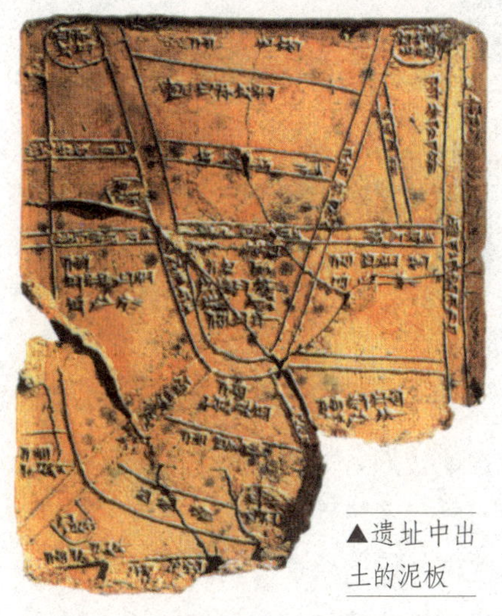

▲遗址中出土的泥板

语言，而印欧语言并非源自安纳托利亚高原本地，那么，印欧语言又是从哪里来的呢？这种语言到底起源于何处？起源于何时？接着而来的是，赫梯人的族源到底来自哪里？他们来自何处？他们迁徙的路线是怎样的？他们又是什么年代来的呢？

这些令考古界长期困惑的问题，却至今也没有定论。

关于赫梯民族的起源，有的人认为他们来自黑海西部，也有人认为他们原来就居住在安纳托利亚东北方。

关于印欧语言，有人认为印欧语系发源于从大西洋到中国的西域。但有人持否定观点，认为这样定位史前时期的语言实在过于宽泛，它大大超过了任何单个语言可以保持的地区范围。

有人认为，印欧语系语言的发源地位于从南极到北极、从大西洋到太平洋之间的地域。

正在讨论中的印欧语系的起源可以分为三种模式。一种解释认为，原始印欧语可能产生于新石器时代以前，大概在旧石器时代或者中石器时代，横跨整个欧亚大陆的广大地区。但另一些人认为，这是最不能接受的模式，因为它没有解释那些我们从推测中的原始语发现的新石器时代的共同词汇，更准确地说，是新石器时代晚期的词汇。

还有一种观点认为，印欧语系语言是随着农业的传播而扩展。也就是说，印欧语系语言是随着新式的、生产力更高的经济向外扩展的。讲印欧语言的农民逐渐地占据了欧洲，取代了那些早期以打猎采集为生的人。提出这些模式的专家认为最早的印欧语系语言就是在安纳托利亚的博兹柯伊一带。

还有一种观点认为，在新石器时代至青铜时代，大多数欧洲人与西亚人所讲的语言曾发生过重要的变化。按照这种理论推断，专家一般认为，最早的印欧语系语言产生于黑海与里海以北的草原与森林草原地带，而这些语言的扩展，是由半游牧或至少骑马驾车到处流动的民族来完成的。由于他们死后大都葬于一种俄语里叫作“库尔干”的土墩之下，所以这种理论经常被称作“库尔干理论”。根据这种理论，在公元前5000年至公元前3000年，流动人口开始离开草原迁到中欧东南部，逐渐同化了当地的民族，使他们也接受了印欧语系语言。

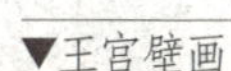

▼王宫壁画

那么，印欧语言到底起源于何处、又起源于何时呢？尽管目前众说纷纭，莫衷一是，但通过赫梯人的首都哈图莎的发现，我们相信，在不久的将来，这个问题也是可以通过考古研究追寻到根源的。

土耳其的地下迷宫

▲王后的雕像。凸显出这位王后的端庄和美丽

土耳其的格尔里默谷地状如月球，光秃秃的地面上矗立着一个个奇形怪状的石堡。不可思议的是，石堡的地下隐藏着一个巨大的远古城市，地道林立，气孔随处可见，堪称“地下迷宫”。它是谁建造的？又是如何建造的？有什么用途？

卡巴杜西亚是一个火山岩高原的总称，面积4000平方公里，在土耳其首都安卡拉东南300公里处。远古年代，卡巴杜西亚5座火山大喷发，熔岩淌流，堆成一片高原。岁月悠悠，风雨无情，高原被刻蚀剥离成碎块。有的被溪河打穿，形成悬崖峡谷；有的蛀蚀出星星麻点，致使地面崎岖不平。最壮观的还是数百座金字塔形状的小山，高度从几十米到100多米不等，排成密密匝匝的方阵，颇似月球上的丘陵。整片高原薄瘠荒凉，地上长不出树，地下挖不出矿，一向人烟稀少。

1963年，卡巴杜西亚高原上的德林库尤村爆出一条大新闻：一个名叫德米尔的农民掘地时在自家院子底下发现一个洞口。在村民协助下，他架着梯子进入井口似的入口，穿过8层过道，见到一个无所不包的地下城镇。纵横交错的隧道两旁，像蚁冢一样排列着无数住宅、厨房，有礼拜堂、作坊、水井、食物贮藏室，还有专作墓地的洞室。52个通风管道通向地面隐蔽处。几条供逃生用的地道造得尤其巧妙。据估算，这样规模的地下城可供20000人安身。在纯粹手工劳动的情况下，从坚硬的熔岩层中掏出这么大的空间，有可能吗？单从地下清运出那么多的石渣，就要克服多少困难啊。人们只能这样设想：或者是建设者的坚韧精神战胜了大自然，用几代人的工夫把它挖成；或者是地下存在着火山熔岩隧洞（大规模的火山喷发很可能形成隧道式的溶洞），再加人工拓展改造而成。

◀栩栩如生的牛头雕刻作品

这世外桃源——“土耳其地下迷宫”是历史上哪一代人所建？他们为什么住在地下？是躲避天灾，还是外敌的侵入？这些尘封于地下的废城埋藏了怎样的文明呢？

早在公元8世纪和9世纪的时候，卡巴杜西亚已经发现过成千座岩洞教堂和地下教堂。它们凿在小岩山内或悬崖上，有的相当富丽堂皇。在戈雷梅谷，几乎每座小尖岩都被挖空了。每一座岩山，就是一座教堂。踏上损缺的石阶，可以爬进礼拜大厅。岩石被巧妙地琢成拱门、圆柱、拱顶，每一寸壁面和柱体都装饰着线纹和图案；壁画栩栩如生，再现着《圣经》故事或东方宗教、民间传说的大杂烩。

在泽尔弗峡谷两侧的悬崖上，修道士们耐心地打出一个个窟窿，修成教堂、修道院、斋堂、厨房、卧室等等；里面的祭坛、餐桌、座椅、床铺、家具，全是石头制品。

在南部幽静的伊拉拉谷地，河流两岸的崖壁高达150米，壁面密布着神龛、小教堂、修道室，里面供奉着色彩鲜明的圣像，全部就壁凿成，与我国的敦煌、大足的佛像洞窟构造相似。这条庄严的基督教“神道”，首尾相连竟长达10公里！

▼在王宫出土的乐器

对于卡巴杜西亚人狂热的宗教献身精神，对于他们的穴居和消失，史书全无记载。考古学家费尽心机，迄今未得出明确答案。最早发现“神道”和地下教堂的，是法兰西国王路易十四的一位密使，时为17世纪末。他回欧洲宣布这个重大发现，但没有人相信他的“神话”。人人说他是疯子，世界上哪有这样美妙的地方？不到一个世纪，发现的人多了，卡巴杜西亚才渐渐出名，慕名朝圣者不绝于途。

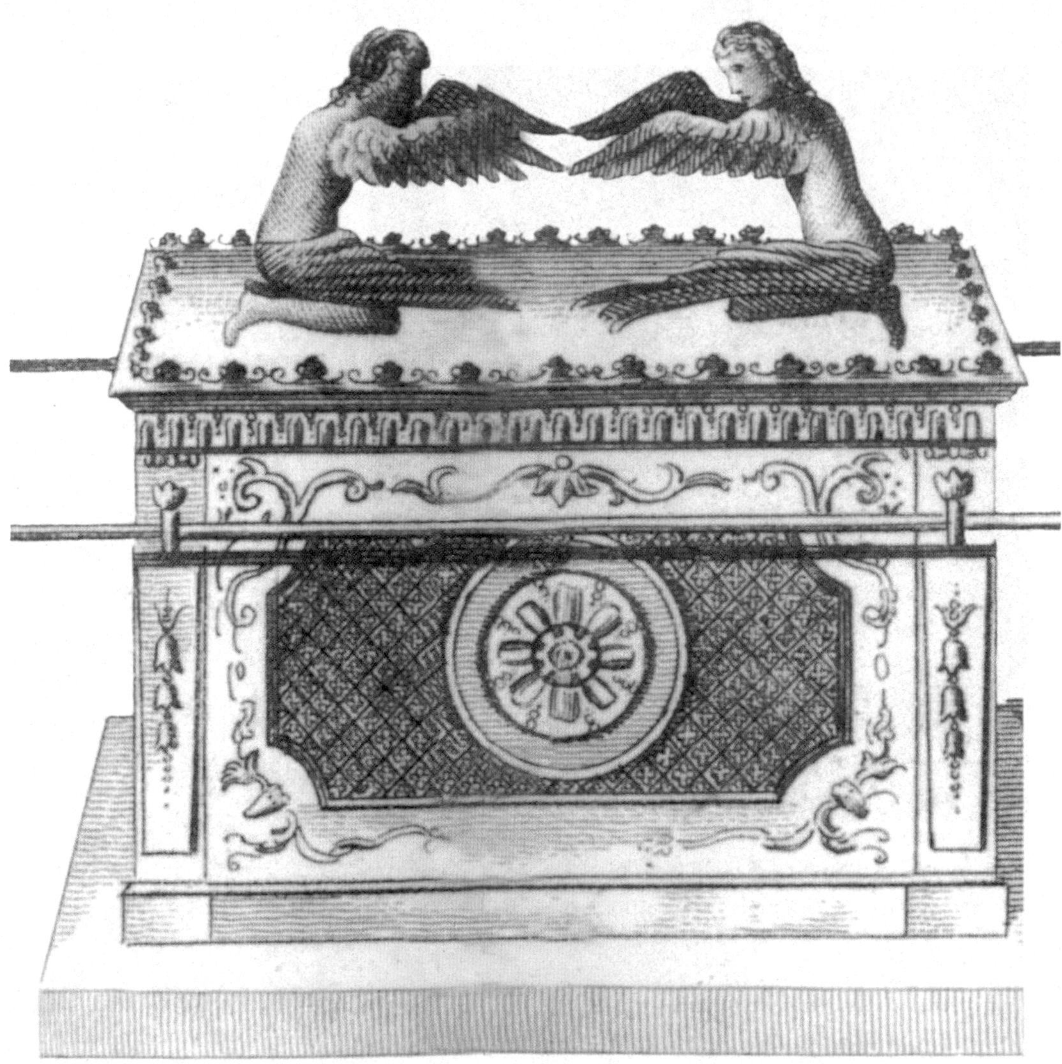

▲1817 年版画中描绘的“约柜”，用于传播基督知识

然而，真正引起轰动的是埋藏于地下的可居住成千上万人的卡巴杜西亚地下城市的发掘。其中最著名的一座坐落在今天德林库尤村附近。通往地下城市的通道隐藏在村子各处的房屋下面。人们在这里一而再、再而三地碰到通风洞口，这些通风洞口从地下深处一直延伸到地面。

整个卡巴杜西亚地带布满了地道和房间。地下城市是一种立体建筑，分成许多层。德林库尤村的地下城市仅最上层的面积就有 4 平方公里；上面的 5 层空间加起来可容纳 1 万人。今天人们猜测，当时整个地区可能有 30 万人逃到地下躲藏起来，仅德林库尤的地下城市就有 52 口通气井和 1.5 万条小型地道。最深的通风井深达 85 米。地下城市的最下层建有蓄水池，用以储藏水源。整个地下城市规划相当完整，使居民的地下生活有足够的设施保障。

到今天为止，人们在这一地区发现地下城市不下 36 座。其中并不是所有的都像卡伊马克彻或德林库尤附近的地下城市那么大，但都称得上城市。现在，人们已经绘制出了这些城市的俯视图。熟悉这一地带的人认为，地下城市的数量远不止这些。现在所发现的地下城市相互间都通过地道联接在一起。联接卡伊马克彻和德林库尤村之间的地道，足有10公里长。

▲遗址中发现的古卷。这份古卷大部分保存完好，是一份宝贵的历史资料

不可思议的地下城市实实在在地存在着，可谁是缔造者呢？它们是什么时候建立起来的呢？用途又是什么呢？对此，人们有不同的见解和推测。当然也有人举出具体的史实加以考证。史实之一是在基督教诞生早期，这一新生宗教的教徒为寻求避难而最终选中了这里。之所以选择卡巴杜西亚，就因为它荒凉，不会引起外人的注意。村民们最初是开石砌房子。后来直接凿房于岩内，由地面岩山逐渐延伸于地下，于是发展成了地下城。公元610—1204年，从罗马帝国东部分出一个拜占庭帝国，这是一个以土耳其为基地、说希腊语、奉行基督教的独特国家。卡巴杜西亚人从此成了“化内之民”，皈依了基督教。其时，阿拉伯人也在扩大伊斯兰教势力，与拜占庭打得你死我活。双方每占对方一地，则毁其宗教寺庙，强迫占领区人民改信己教。

▼9世纪用早期阿拉伯文字书写的《可兰经》中的一页

卡巴杜西亚一向是安全的，外地虔诚的基督徒和教士纷纷来避难，于是，学者渐多，信徒日众，俨然成了一个圣地。这些人要修造、讲学、居住，自然要开凿更多的教堂、修道院和地下村镇。

终于有一天，拜占庭帝国覆灭了，穆斯林完全统治了土耳其。面临杀身之祸的卡巴杜西亚人撤走了，四散逃亡，或者到容许基督教存在的西方去，或者改奉伊斯兰教杂居到阿拉伯村庄。这个时间的末限，应该在12世纪末或13世纪初。由此算来，卡巴杜西亚的消亡距今不过700多年。

当时的基督教徒确实在这里避过难，事实尽管是这样，然而他们并不是真正的建造者。据推断，地下城市在他们到来之前就已经存在了。地下城市到底是谁在何时修建的呢？人们的推测很多，但没有定论。

有一点是可以肯定的，那就是这一带的地基是由凝灰岩构成的，因为附近就矗立着火山。只要有黑曜岩，即火石，地基就会很容易被凿空，而火石在

▶耶稣复活图

◀公元6世纪，拜占庭的建筑正逐步摆脱罗马风格

这一地区并不鲜见。就这样，也许花了仅仅一代人的时间，地基就被掏空了。地下城市大多是超过13层的立体建筑。在最低的一层，人们甚至发现了闪米特时代的器物。

闪米特人是一支古老的神权民族，大约在公元前1000年以前，他们曾经在这一带生活过。其都城哈图莎离德林库尤村大约有300公里。闪米特人曾一度占领了古老的皇城巴比伦。最初的时候，闪米特的国王被看成是神灵，地位大致相当于古埃及的法老。闪米特人原本没有姓氏，只是后来才有了姓名。他们经常戴高帽子来装扮自己，这种帽子今天被称作地精帽。这是人类想以此方式模仿外星文明使者，而与肢体不成比例的硕大头颅代表了一种美。长期以来，对这种戴高帽的现象一直存在一种曲解。其实，这在当时是一种世界范围内的时尚，并在有些地方例如古埃及，通过雕塑和绘画永久记录下来。

▲出土的王官陶罐

很多人一直在思考的一个问题是，人类为什么要把自己隐藏起来？是躲避天灾还是躲避外敌呢？一般来说，躲避外敌的可能性大一些，而外敌是谁呢？

首先，假设地面上的敌人拥有军队，在地面上，他们肯定能看到耕种过的土地和空空如也的房屋。而地下城市里建有厨房，烟火将通过通气井冒出地面，而敌人会很容易发现地下人员。人们无不知道，把待在地下的老鼠洞般的城市里的人们饿死，或者封死通气口憋死他们，都是轻而易举的事。所以，人们恐惧的恐怕不仅仅是地面上的敌人，他们在地下岩石中开凿避难所，是因为他们害怕能飞行的敌人。这个猜测是否有道理呢？

◀宫殿的怪兽，有点像中国的“四不像”

当然有。闪米特人在他们的圣书《科布拉·纳克斯特》中就已描述过，

▲在王宫中有一幅国王出猎图。描绘了一只狮子正在攻击国王战车的情景，狮子力大无比，勇气非凡；而另一只垂死挣扎也使人印象深刻

所罗门大帝怎样利用一辆飞行器把这一地区搞得鸡犬不宁。不仅他本人，就是他的儿子，所有恭顺他的人，也都坐过飞行器。阿拉伯历史学家阿里·玛斯乌迪曾描述所罗门的飞行并大致介绍了他的部落。当时的人类对于飞行想象产生的恐惧，是完全可以理解的。也许他们曾被剥削、奴役过，所以每当警报的呼喊“他们来了”响起的时候，人们就会逃进地下城市。这和我们今天挖筑地下防空洞掩护自己的情形是一样的。

此外，还有大量的有关飞行器的古代传说。仅以古代印度一个传说为例，史书记载道：“……于是国王和后宫家眷，王后嫔妃，宫廷权贵以及来自王国各地的头领乘上飞船。飞船飞入天空而后顺风行驶，越过海洋直向亚特兰蒂斯城飞去。那里正举行节日的庆典。飞船降落下来，国王下船参加了庆典。短暂的停留之后，国王的飞船在众人惊愕不已的注视中重新腾空而去……”

▼夸张的人物造型，对比强烈

历史的长河奔流不息，滚滚向前，一些灿烂的文明因为种种不为人知的原因而成为绝响。当我们在惊叹、怅惘、痛惜中感受古文明风流余韵时，一种深沉的历史感不禁充溢身心，使我们的思绪仿佛回到了文明本身。置身于土耳其地下迷宫中，许多疑团不禁升腾而起，但我们更感怀先人们的伟大。先人们运用自己的智慧和创造力建造了一个又一个繁华的城市，沧桑巨变，远古的城市有的化为废墟，只有枯草和乱石做伴；有的尘封于地下，难见天日。悠悠岁月，人们在不断地追寻着，究竟是怎样的文明被尘封于地下？那千古的废墟淹没了多少的繁华？现代人通过不懈地努力和探求，终将揭开这些神秘的面纱。

▲这样的发掘场面还有很多

格雷梅国家公园

格雷梅国家公园，位于土耳其的卡帕多西亚省，距首都安卡拉东南约220公里。1985年联合国教科文组织将格雷梅国家公园作为文化与自然遗产，列入《世界遗产名录》。

▲石雕像，一个男子双手交叉，放在胸前，头侧向一边。人物动作惟妙惟肖

土耳其共和国地处欧亚两洲之间，是东西方地理的结合点。所谓地理上的结合点，是指沟通黑海与地中海的博斯普鲁斯海峡，和世界上唯一地跨欧亚两大洲的历史名城伊斯坦布尔。

土耳其在欧洲的一小部分称为色雷斯，在亚洲的大部分称为安纳托利亚。远古时代的安纳托利亚曾湖泊遍布、树木繁盛。然而，随着岁月流逝，气候变迁，这里的大部分地区已成了干旱少雨的莽莽高原，有些地方甚至成了人烟稀少的不毛之地。土耳其80%的土地在安纳托利亚高原。1923年土耳其共和国成立后，土耳其“国父”凯末尔高瞻远瞩，他没有把首都定在历史名都伊斯坦布尔，而是迁移到了安纳托利亚腹地的高原城市安卡拉。自此，这个城市不仅成了土耳其的政治中心，而且离它不远处的卡帕多西亚地区因其独特的自然风光，也被土耳其政府开发为格雷梅国家公园。

格雷梅国家公园，距首都安卡拉东南约220公里，是由远古时代的火山喷发出来的熔岩构成的火山岩高原，面积近4000平方公里。数百万年前，卡帕多西亚火山大爆发，火山灰覆盖了整片卡帕多西亚地区，岩浆冷却后，就形成了这种极为奇特的地形地貌。放眼望去，悬崖、深谷、岩石遍地，火山岩尖上的沉积物好像被切削成了几百座奇形怪状的古堡、石笋、断岩和岩洞，它们是由火山熔岩硬化后，经过了千百年的风雨侵蚀而最终形成。山体

◀遗址中出土的泥板，上面有楔形文字

上寸草不生、岩石裸露，与光秃的山体成鲜明对比的是林木茂盛的山间峡谷。格雷梅公园的村镇、道路、古建筑遗址也大都沿着峡谷分布。

▲神庙的复原图

东南部的格雷梅谷地，气候反差极大，严寒和酷暑并存。冬天白雪皑皑，时常处于零下30摄氏度的严寒。夏季却热得像蒸锅一样酷暑难忍，气温高达40摄氏度。生存环境之恶劣令人望而却步，因此人烟稀少，满目荒芜。

这一地带是由大量的火山灰堆积而成的凝灰岩，凝灰岩与一般的岩石不同，质地较软、空隙较多，稍微用力即可挖成洞穴。后来，人们偶然发现，在河谷两旁的悬崖上、山岩下，竟隐藏着成百上千座古老的岩穴教堂、不计其数的洞穴式住房和规模宏大的地下建筑遗址，即举世闻名的卡帕多西亚石窟建筑。

据记载，2000多年前，土耳其先民赫梯民族就曾在此凿洞而居，而大规模在此挖掘洞穴则始于公元4世纪，当时的基督徒在此地挖掘栖身的洞穴、修道院和教堂。也许是因为洞里冬暖夏凉，既能躲避山岩上面的严冬酷暑，又可防备猛兽和敌人的侵害，这里的每座小尖岩几乎都被挖空，每一座岩山就是一座教堂，岩石被巧妙地琢成拱门、圆柱、拱顶。修士们甚至把他们的住所挖到几乎无路可上的山岩顶尖上。这种营造活动一直持续到12世纪。因此，今天的卡帕多西亚山岩上布满了古代的修士们留下的大量宗教遗迹。这些古代洞穴如今有些已被居民胡乱当作储藏杂物的仓库。从外表上看，这些修道院和教堂有些粗陋不堪，然而当你走到里面时，才会发现，教堂内精美的圣画、优雅的圆形廊柱、雕刻细腻的壁画、华丽的装饰令人肃然起敬。它们千年来沉睡在卡帕多西亚奇幻孤绝的岩洞里，保持着与世无争的澄澈与宁静，使人简直无法将它们的精美和洞外荒凉贫瘠的山岩联系起来。

其中，被现代人称为“苹果教堂”的石窟教堂规模虽小，但处处典雅华贵。其内部天井以拱门支撑，上面绘有圣像画，由于教堂位于直立的岩石上，因此没有大门，必须通过狭窄的岩棚才可进入。

而被称为“黑暗教堂”的石窟教堂由于窗户很小，白天的光线照不到教堂内，绘画不易褪色，因此里面的壁画色泽鲜艳、保存良好。

◀女神的雕像

第六章
神秘的亚述帝国

亚述是一个好战的民族，他们的名字让听到的人不寒而栗。正是由于亚述人的残暴行为，他们的都城尼尼微成为了被压迫人民仇恨的对象。犹太人把它称为狮子的洞穴和流着人血的城市，诅咒它必定要灭亡。

《圣经》中描述：上帝派希伯来人约拿去亚述传达他的旨意：“尽快悔改、弃绝恶行，要不然正义的上帝必会严厉地惩罚，尼尼微这座城将会面临倾覆的结局。”出乎约拿的意料，尼尼微的人民上至君王下至小民，甚至连牲畜都穿上粗布麻衣，表示悔改。而尼尼微王还端坐炉灰之中，表示自己的绝望和无助。结果，因为尼尼微人的悔改，神收回原先要降的灾祸。

那么亚述的血腥历史又是怎样的呢？

▼巴尼拔雕像。亚述人的发达的文化成就离不开他的贡献，他建立了世界上最早的图书馆

辉煌的亚述帝国

亚述帝国是兴起于美索不达米亚的奴隶制国家。公元前8世纪末，亚述逐步强大，先后征服了小亚细亚东部、叙利亚、腓尼基、巴勒斯坦、巴比伦尼亚和埃及等地，设都于尼尼微（今伊拉克摩苏尔附近）。亚述人在两河流域历史上活动时间前后约有一千年。

▲为了建造满意的宫殿，亚述国王亲自到工地上进行监督

亚述最早的居民是胡里特人，后来塞姆人迁徙而至。两个民族逐渐融合，成为亚述人。古亚述指底格里斯河和幼发拉底河流域北部地区，东北靠扎格罗斯山，东南以小扎布河为界，西临叙利亚草原。整个亚述以亚述城为中心。

由于亚述地理上被异族包围，经常受到敌对民族威胁，加上国土和资源又非常有限，使得亚述人养成了好战的性格。他们对土地贪得无厌，认为只有不断地征服，才能保住自己的利益。

他们的后代是今日叙利亚人的始祖。亚述帝国兴起时，古埃及已经开始衰败，而两河流域以及小亚细亚诸强国或者灭亡或者分裂。与此同时，亚述人从赫梯人那里引进了炼铁技术，从而大大增强了战斗力，建立了一支当时世界上兵种最齐全（包括战车兵、骑兵、重装步兵、轻装步兵、攻城兵、工兵等）、装备最精良（如配备当时最强大的攻城武器“投石机”和“攻城锤”）的军队。

◀亚述王国的浮雕。描绘的是古亚述人进行扩张战争的场面

公元前745年—前727年，亚述国王提革

拉·毗列色在位。强大的亚述军队击败了其劲敌乌拉尔图，并征服了整个叙利亚地区，同时兼并了巴比伦。

公元前722年，萨尔贡二世登基。他原为下级军官，后因战功累累得到提升。在他统治时期，亚述打败了以色列、埃及，并镇压了埃及支持的叙利亚人和腓尼基人的起义。这时亚述帝国进入了鼎盛时期。

▲亚述王国最后一位伟大的统治者——巴尼拔。除了军事外，还在其他很多地方有着突出的贡献

辛那赫里布，公元前704年—前681年在位，是萨尔贡二世的长子。他力图扩张父王的战果。据说，他攻克了89座城镇、820个乡村，俘获了7000余匹马、11万头驴、8万头牛、80万只羊以及21万名俘虏。

▲德尔·沙鲁金城内萨尔贡宫殿内的萨尔贡二世的雕像。他左手抓紧雄狮，右手拿着驯狮的鞭子，体现出很高的雕刻水平

继辛那赫里布之后，阿萨尔哈东（公元前680—前669年在位）成为国王。他在位期间，亚述帝国达到其顶峰。公元前671年，阿萨尔哈东远征埃及，攻克孟菲斯城。

阿萨尔哈东之后继位的就是赫赫有名的巴尼拔。他兴建了巨大豪华的巴尼拔王宫，但他对世界文明史的贡献在于宫中设置的泥板图书馆。该图书馆收集了当时亚述人所知的全世界各地的书籍，藏有无数楔形文字的泥板，内容包括语言、历史、文学、宗教、医学及天文等各方面的知识，是研究当时历史宝贵的资料。

公元前612年，新崛起的邻国新巴比伦王国联合伊朗高原的米底人攻陷了亚述首都尼尼微。公元前605年，巴比伦国王尼布甲尼撒清扫了亚述的残部。自此曾在历史上称霸一时的亚述帝国彻底灭亡。

亚述衰落有着深刻的历史原因。首先，亚述是靠武力和军事建立起来的庞大帝国，很多边远地区无法有效统治；其次，亚述人的残暴统治也激起了被征服民族的反抗；最后，王室内部的钩心斗角、争权夺利也直接导致了帝国衰亡。

亚述帝国在其历史发展上共历三个时期，即古亚述时期（约公元前2500—前1500），中亚述时期（约公元前1400—前1078）和新亚述时期（公

▶萨尔贡二世时代的象牙雕塑。刻画了一个小男孩和狮子搏斗的场面，小孩即将被狮子吃掉。从侧面反映出王权的不可侵犯

元前 935—前 612）。

▲阿萨尔哈东半身雕像。深邃的眼神，坚毅的面容，雕像突出地表明了他是一个杰出的君主

古亚述时期又名阿淑尔城邦时期。阿淑尔城邦的居民最初为印欧语系的胡里特人，后来塞姆语系的阿卡德人等进入此地，他们逐渐与原有居民融合，形成亚述人。其语言为阿卡德语之亚述方言，文字为楔形文字。亚述由其主神、首都和宗教圣城阿淑尔而得名。位于底格里斯河中游，新亚述时期版图北起乌拉尔图，东南兼及埃兰，西抵地中海岸，西南到埃及北界。

公元前 30 世纪中叶，塞姆人入居此地，在阿卡德和乌尔第三王朝都控制过阿淑尔城附近地区。乌尔第三王朝衰落后阿淑尔城独立（公元前 2006 年），成立了古亚述王朝。后来编纂的《亚述王表》中列出了古亚述王朝的 12 位帝王，这些国王大约生活在公元前 19 世纪左右。

▲乌尔第三王朝建立者乌尔纳木塑像

古亚述城邦最高权力机关是长老会，贵族占统治地位，没有民众。长老会议有一年一任的年官，称为“里木”。他由抽签选出，其职能是管理财政经济。另外有“伊沙库”和“乌库伦”。“伊沙库”是负责召集长老会议，管理宗教，公共建筑和军事。“乌库伦”管理土地和司法，其职位往往由“伊沙库”兼任。当时土地为公社所有，定期分配给大家族使用，很少买卖。奴隶较少，社会主要劳动者为承担公社义务的自由民。中介贸易具有重要意义，部分贵族和商人从事商业和高利贷活动而致富。阿淑尔城邦的居民依靠优越的地理位置，在美索不达米亚北部和安纳托利亚地区之间进行贸易。到了公元前 19 世纪晚期，小亚细亚贸易地点被毁。亚述地区的阿摩利人开始崛起。公元前 17 世纪阿淑尔城被阿摩利人的首领沙马什阿达德所控制，亚述的历史开始了一个新的时期。

▼在经历了短暂的辉煌后，暴力的统治、外部的反抗斗争和内部的争权夺利导致帝国逐渐走向衰亡。图为亚述古城遗址

沙马什阿达德所在的阿摩利人的部落，曾长期在两河流域北部流动作战。沙马什阿达德继位后，打败幼发拉底河中游的马瑞，统治了美索不达米亚北部地区。他将阿淑尔城作为其宗教中心，自己居住在哈布尔上游

▶阿摩利人王朝的印章，约公元前1830—前1350年。两个神在向伟大的战神伊丝塔尔进行祈愿，显示出对这位战神的尊敬

三角区的书巴特恩利勒，并把其长子伊什美达干安置在埃卡拉图，次子亚斯马赫阿杜安置在马瑞。此后，沙马什阿达德又征服了迪亚拉河地区和幼发拉底河上游一带，势力直逼地中海滨，成为美索不达米亚地区各国中最强大的国家。沙马什阿达德自称“天下之王”。他死后，各臣服的城邦纷纷脱离亚述的控制。马瑞再度强大，并打败了亚述。亚述先后沦为埃兰、米坦尼、巴比伦的藩属。

▲亚述人的主神阿淑尔，人们为了祭祀他而建立了著名的亚述城

公元前14世纪，强大的米坦尼到了国王图什腊塔时期，由于内部纷争，开始衰弱。而此时，赫梯在国王苏皮鲁流马斯一世的领导下，形成了一个帝国。亚述在乌巴利特一世的带领下开始崛起。不久，米坦尼被亚述所灭，并建立起强大的亚述帝国，史称中亚述帝国。此后亚述统治者采用“亚述王”的称号，并继续向外扩张，击败喀西特巴比伦，并将米坦尼的领土降为行省。在很长一段时期内，赫梯和亚述的势力在近东地区此消彼长。

◀陶制品。绘制的是米坦尼的战士形象

图库尔蒂尼努尔塔一世（约公元前1294—约前1208）击败赫梯帝国和巴比伦，占领整个两河流域，并把首都从阿淑尔迁往图库尔蒂尼努尔塔镇。此后，亚述还有过几个首都，如卡拉赫（今伊拉克尼姆路德）、杜尔·沙鲁金（今伊拉克霍尔沙巴德）等。但阿淑尔城仍然是帝国宗教中心，在政治生活中起重大作用。中亚述时期，政体已过渡向君主专制，中央集权加强，名年官和长老会议只具形式，专属于国王的官

▶提格拉特帕拉沙尔一世征战图。雕像纹理清晰，人物栩栩如生，有很强的表现力

◀亚述城邦遗址出土的方尖碑局部雕刻图。以浮雕和楔形文字结合的形式记录了亚述王国进行武力扩张的情形

吏已经产生。国家常备军已存在，其来源主要是自由民。社会的统治阶级是土地所有者、商人、高利贷者和大奴隶主阶级。奴隶阶级除战俘和外地买来的外，还存在债务奴隶。经济方面，村社依然残存，但土地已可继承、买卖。奴隶人数仍然不多，债务奴役盛行。高利贷活动使大量自由民失去土地，变为人身依附者或债务奴隶。中亚述法典规定债主有权殴打债务奴隶。妇女和未成年子女地位与奴隶相去不远。

经过短暂的衰败，至提格拉帕拉萨一世（约公元前1115—约前1077在位）时亚述国势复兴。公元前11世纪末，在阿拉美亚人迁徙浪潮打击下，再度衰落。

公元前10世纪末，西亚、北非的大帝国如巴比伦、赫梯、埃及已经衰弱或灭亡；阿拉美亚人也被当地居民同化转向定居。这种国际形势为亚述的重新崛起提供了良机。亚述地区在公元前9世纪开始使用铁器，至公元前8世纪已普遍流行。生产力的提高，也为军事力量的加强提供了必要的条件。公元前8世纪开始，亚述进入了真正的帝国时期。

亚述的对外侵略开始于阿淑尔那西尔凰二世时期。他的后继者沙尔马那塞尔三世更是东征西讨，北起亚美尼亚，南尽波斯湾头，东自扎格罗斯山，西迄地中海沿岸，都成为其兵锋所及之地。在其统治的35年中，远征了22次。此后亚述在民族斗争和内部斗争的打击下处于瘫痪状态。但是，提格拉帕拉萨三世统治时，亚述再度强盛起来。提格拉帕拉萨三世曾在卡拉赫当过总督，在公元前746年—前745年的一场反对国王的动乱中夺取王位。

公元前745年，提格拉帕拉萨三世首先向阿拉美亚人发起进攻，在征服几个阿拉美亚人部落后，沿底格里斯河南进，征服了尼普尔一带，并将新征服的地方划为一省区，公元前744年，他发动了对东方和东南方的远征。在占领米底人的一些地区后，挥师南下，直抵埃兰北部，建立新的省区，并派遣军队镇守。

提格拉帕拉萨三世对外的军事胜利，使他的国力由弱到强。与此同时，他进行了行政、军事方面的改革。在行政方面，将原来的总督掌管的大区划分为小区，并改为由省

▶提格拉帕拉萨三世雕像。他在世时征服了叙利亚地区，兼并了巴比伦

▲壁画中乌拉尔图国王的形象，下方是他养的狮子

区长官负责管理。到公元前738年，这样的省区在帝国境内达到80个。省区长官负责收取税费，贮存军需品，组织劳役、募集兵源等。同时，又另任官员治理政务，为加强对地方的控制建立了驿站以传递消息。在军事方面，实行了募兵制，组成了国家供养的常备军，并把常备军分成许多专门训练的兵种：战车兵、骑兵、重装步兵、轻装步兵、攻城兵、辎重兵、工兵等。此外，在军事技术、军事战术方面也进行了新的改进。经过改革，建立起一支人数众多、兵种齐备、战斗力强的军队。

从公元前742年开始，提格拉帕拉萨三世先后发动了对叙利亚、乌拉尔图、巴比伦的侵略战争，公元前732年攻克了大马士革，军力直抵地中海沿岸，迫使推罗、毕布罗斯等城向亚述称臣纳贡。公元前729年兼并了巴比伦，自称巴比伦之王。

亚述帝国萨尔贡二世统治时继续向外侵略。在他执政的头一年，攻陷了撒马利亚，灭亡以色列。第二年打败了大马士革、撒马利亚等城的起义联军。公元前714年，萨尔贡大举进攻乌拉尔图，攻占乌拉尔图的圣城穆萨西尔。至此亚述帝国已经占领了叙利亚、巴勒斯坦（除犹太外）、扎格罗斯山区大部分，米底也在它的控制之下。

▼萨尔贡二世宫殿的守护神兽。神兽造型奇特，雕刻工艺精美。头部的人像据考古学家估计是萨尔贡二世的形象

辛那赫里布继承了其父萨尔贡二世的对外侵略政策，在他统治的二十几年中对外进行八次远征。其子阿萨尔哈东于公元前671年攻占了埃及首都孟菲斯，自称上下埃及和努比亚之王。到巴尼拔时对外侵略达到了顶点。经一个世纪左右的对外侵略，亚述帝国的版图扩大到前所未有的程度：北起乌拉尔图，南临波斯湾、西至地中海沿岸和埃及，东超伊朗。

亚述的侵略战争，给被征服地区带来了严重的灾难，作为古代世界出色的武士民族，亚述人好战的习性和侵略的野心，可能同其国土资源有限，经常受到周边敌对民族的威胁有关。他们对土地贪得无厌，征服越多，就越感到需要征服，只有这样，才能保住获得的一切。每一次成功的征服都激起更大的征服欲望，这一切使亚述人的国家完全变成了一个庞大的军事机器。亚述人拥有当时世界上最先进的铁制兵器，然而这并不是他们的全

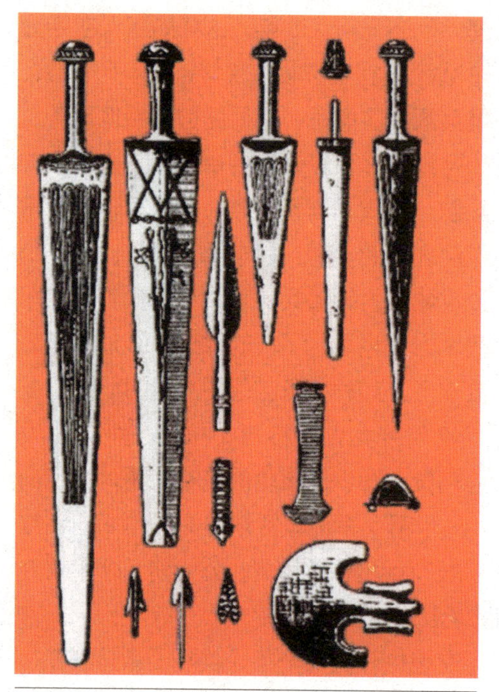
▲乌拉尔图人已经开始使用各种铁制的兵器进行作战

部武器。亚述人的血腥征服，实际上是在各地遍撒仇恨的种子。这激起了被征服地区人民的强烈反抗。这使得亚述不得不一再出兵镇压各地的起义。这种斗争形势，迫使亚述不得不考虑改变抢尽烧光、竭泽而渔的政策，同时公元前 8 世纪起，铁器已普遍推广，生产力有了很大的提高，因此对奴隶的需求日益扩大。

从提格拉帕拉萨三世开始对被征服者采取了另外一种政策，即把被征服地区的居民，安置在不同种族、不同语言的地区，使他们难以组织起来反抗亚述的统治。所有被俘的居民除吸收部分参加军队和另外处理者外，都被看作奴隶。

亚述帝国是靠强大的军事力量建立起来的，这样的帝国从表面上看似乎很强大，但实际上充满了民族斗争和阶级斗争。亚述帝国先期的血腥政策使亚述人成为古代所有民族中最令人痛恨的民族，叙利亚、腓尼基、巴比伦、埃及等地虽然经过几次征服，但仅是慑服于其势力，并没有真正降服。因此，一旦军事失利，这样的帝国就会陷入危机之中。

随着奴隶制经济的发展，商人僧侣集团要求扩大工商业利益和城市自治，而军事贵族尤热衷于对外征服和掠夺。因此，两大集团之间有时发生激烈的冲突。奴隶主阶级的内部斗争，削弱了帝国的力量。

在内外矛盾的冲击之下，盛极一时的亚述开始衰弱。巴尼拔统治后期，帝国已是强弩之末了。巴尼拔死后，亚述急剧衰落。公元前 612 年，巴比伦（迦勒底人）联合米底，攻陷尼尼微（帝国后期的首都），敌人也采取了以牙还牙的恐怖报复，尼尼微被夷为平地。公元前 605 年攻陷亚述西部重镇卡赫美什，亚述帝国灭亡。亚述国土全被吞并，民众悉被消灭或奴役，以致后来亚述对历史的影响竟然难寻踪迹。

▼现在，残破的石墙上已经找不到当年雄伟的亚述王宫的影子了

▼新亚述时期的象牙雕刻，是一个有翅膀的狮身人面像

血腥的狮穴：尼尼微

位于中东的美索不达米亚地区，被考古学家们视为文物的“富矿带”。这里有一个叫作尼尼微的城市，据说它曾是辛那赫里布王国的首都，这个王国曾与以色列部落和犹太部落交战。在《圣经》中记载着这样一段话：“耶和华必伸手攻击北方，毁灭亚述，使尼尼微荒芜，干旱如旷野。”虽然巴比伦仅残留下一个土丘，但它的地点无人不知。那么尼尼微这座亚述的故宫，在美索不达米亚的什么地方才能寻找到呢？

▲尼尼微城复原图。描绘了亚述王国城市中高大的神庙和繁华的街市

▼尼尼微遗址上高大的城门，可以想象出当年王宫的宏伟壮观

随着19世纪的石刻文字——巴比伦文字的逐步破解，美索不达米亚的一个秘密正在慢慢被揭示出来。有关史学家发现的那些老于世故而又颓废的巴比伦人的故事，以及《圣经》上讲述的凶猛好战的亚述人的故事使欧洲人如痴如醉。一位名叫波塔的法国领事，为了能找到尼尼微的遗迹，曾先后在莫索、库羊吉克等地发掘土丘和山坡，但是最终只找到几块石头。随后，他来到了一个叫喀霍沙巴德的地方，在这里，他兴高采烈地向全世界宣布，说他已找到了尼尼微。

尼尼微的花园众多，有的种植奇花异草、名贵树木，供国王游乐散心之用；有的不仅种植花草树木，还养着许多猛兽，这就是王家猎场。这些动物都是供国王与臣子狩猎时用的。在亚述宫廷浮雕中，有许多国王狩猎的场面，描绘国王猎杀万兽之王——雄狮的惊险紧张情形。浮雕中的国王英姿勃勃，或跃马挺枪，或弯弓射箭，被猎取的雄狮则凶猛异常。猎场周围有强壮的士兵守卫，以防猎物逃跑。旁边有树木葱绿的山丘，供百官臣僚观看围猎的情况。围猎活动结束后，国王要将所猎的雄狮献给诸神以示酬谢。有许多尼尼微宫廷浮雕描绘了亚述军队历次征战过程中的残暴恐怖的场面。旁边还有铭文，详细叙述亚述军队烧毁城市、抢劫财产、杀死平民的血腥暴行。

◀尼尼微建立庞大宫殿的复原图。从这里可以看出当时那个亚述王国的强大

▲辛那赫里布在尼尼微王宫里的情景，这是后人根据楔形文字的描述绘制的复原图

公元前743年，亚述军队攻陷了叙利亚首都大马士革。他们对战俘和敌方的平民施以不可言状的酷刑——剥皮，钉火刑柱，割去身体的某个部分，插尖桩等等。那西尔帕二世的铭文中说：“我用敌人的尸体堆满了山谷，直达顶峰；我砍掉他们的首级，我用他们的人头装饰城墙，我把他们的房屋付之一炬，我在城门前建筑了一座墙，包上一层由反叛首领身上剥下来的皮，我把一些人活着砌在墙里，另一些人沿墙活着插进尖木桩，并加以斩首。”令人震惊的是，这些骇人听闻的故事不是来自他人的记载，而是来自亚述人自己的炫耀。残忍在亚述人那里可能是一种近似于勇敢的品质。公元前8世纪，亚述王辛赫那里布将都城由萨尔贡城迁到底格里斯河左岸的尼尼微。

在犹太人的经典中，尼尼微被称为“血腥的狮穴”。

公元前2500年左右，尼尼微就开始形成一座真正的城市，并成了美索不达米亚地区的文化中心之一。在成为亚述的首都之后，尼尼微开始了自己的鼎盛时期。辛赫那里布对战争不感兴趣。他把大部分时间和精力都用在尼尼微的建设方面。他兴建了一座巨大的“盖世无双王宫”。这座王宫包括两座亚述风格的大殿、一幢椭圆形建筑物，以及一个植物园和一座凉亭。王宫里的浮雕长达3000米。这件古代艺术珍品现在收藏在大英博物馆。辛赫那里布还在他的“盖世无双王宫”的西北，为他的后妃们盖了一座后宫，为皇太子盖了一座东宫。他还加宽了尼尼微的马路，增加了城市公园，修建了供水网，并且从郊外60公里处的山上引水入城，以保证尼尼微城里的供水。

▼萨尔贡宫殿的建筑非常奇特，在宫殿中还有很多壁画和雕像装饰，非常壮观。这是一张复原图

辛赫那里布的继承者阿萨尔哈东王在位时，仍继续扩建尼尼微，从而使它成为一座像《圣经·约拿书》中所描绘的有12万多居民的大都城。

阿萨尔哈东的继承者就是大名鼎鼎的亚述巴尼拔王。他除了大量收藏亚述人的图书——泥板文书外，还兴建了巨大豪华的亚述巴尼拔王宫。

到公元前7世纪中叶，亚述帝国渐渐衰落。埃及首先摆脱了亚述的统治。随后，东

▲亚述王巴尼拔在花园中和王后享乐的情景，浮雕中人物表情丰富，动作逼真，艺术成就非凡

北方的游牧部落接连兴起，也日益威胁着尼尼微。公元前626年，居住在新巴比伦的迦勒底人和东边的米底人联合起来进攻亚述。公元前612年，新巴比伦和米底联军攻进了尼尼微。尼尼微在被洗劫一空后，又被放了一把大火，一代名城尼尼微和庞大的亚述帝国一起，就这样从地面上消失了。

▲尼尼微出土的青铜头像。头像轮廓刻画得清晰生动，富有艺术表现力

几千年过去，人们除了从史书上知道曾经有过尼尼微这样一座城市之外，其他就一无所知了。1842年，一位叫波塔的法国考古学家，在反复琢磨了《圣经·约拿书》之后，来到了伊拉克的摩苏尔市。在流经摩苏尔的底格里斯河左岸，他发现了一大一小两个小山岗。大的叫“库容吉克”，小的叫“约拿之墓”。波塔认为这两个山岗就是古城尼尼微的遗址。在“约拿之墓”山岗上，有一个村庄和纪念先知约拿的清真寺，村民不让波塔挖掘。于是，波塔就在库容吉克山岗下开始了挖掘。遗憾的是，他挖掘了好几个星期，竟一无所获。1845年，有一位名叫莱亚德的英国考古学家，也按照《圣经·约拿书》中对尼尼微城址的描述，找到了这里，对库容吉克山岗进行了长达6年的挖掘，终于找到了辛赫那里布的王宫和亚述巴尼拔王的部分藏书室，证明这里就是亚述帝国的首都尼尼微。

▲楔形文字泥板，现存于巴尼拔图书馆。楔形文字是人类历史上最早的文字之一

在亚述巴尼拔王的藏书室里，堆满了刻有亚述楔形文字的大大小小的泥板。最大的一块楔形文字泥板长达3米，宽2米多；最小的一块还不到1寸长，只刻着一两行文字。

过了几年，曾和莱亚德合作、共同发掘库容吉克山岗的一位伊拉克考古学家拉萨姆再次来到这里。他在1852年到1854年，又在库容吉克山岗下发现了另一处王宫藏书室，找到了许多新的楔形文字泥板，而且还发现了亚述巴尼拔王的王宫。

他在亚述巴尼拔王王宫废墟的墙上，发现了著名的浮雕“皇家狩猎图”。在新发现的泥板文书上，刻有许多亚述和古巴比伦的神话，其中就有著名的神话史诗《吉尔伽美什》，诗中关于美索不达米亚地区大洪水的描述，跟《圣经》中诺亚方舟的故事几乎完全一样，而且用的是第一人称，表明这是一位亲眼目睹洪水的幸存者的记叙。

▲现存于亚述巴尼拔图书馆的世界上最早的史诗《吉尔伽美什》泥板书。是用楔形文字写成的

还有一块描绘当时亚述的奴隶劳动情景的浮雕，这些奴隶多半是亚述人俘获的战俘，他们戴着手链脚镣，有的被铁索相互系在一起，旁边有手执武器的亚述士兵在监督。这些浮雕现在都收藏在大英博物馆。后来，许多英国考古学家相继来到这里对尼尼微进行发掘，一共找到了24000多块泥板文书。这些珍贵的泥板文书现在也都收藏在大英博物馆。

从1927年到1932年，几个英国考古学家又对尼尼微遗址进行了大规模发掘，挖掘的深度达到离地面27.5米。在尼尼微古城遗址里发掘出来的大量泥板文书、浮雕等文物，使我们能够清楚地了解到亚述帝国和尼尼微的兴衰历史。但是，令人痛惜的是，由于19世纪在库容吉克山岗下的无计划的胡乱发掘，尤其是为了得到浮雕和泥板而采用的毁灭性的发掘方式，虽然使大英博物馆增添了不少稀世珍宝，却毁掉了历史名城尼尼微的城址遗迹。

▼在亚述王宫中有很多关于国王猎狮的雕刻作品。从侧面表现出亚述王国是一个好战的民族

王后的毒咒之墓

1989 年 4 月，在存尼姆鲁德，工人们正在发掘尘封已久的宫殿。虽然前人已经在此挖掘过，并且有过惊人的发现，然而伊拉克考古学家穆扎欣·默罕莫德·侯赛因依然相信这里还有未为人知的秘密。

▲纳西尔帕二世雕像。新亚述帝国的奠基人，正是由于他的贡献，一个庞大的军事帝国逐步兴起

工人们挖掘期间发现了一截陶瓷管道，竟然是古老的通气孔。这个发现足以说明他们所清理的地面并不是他们以前所认为的宫殿地板，而是一个屋顶。工人继续下挖，发现了一个墓穴。进入墓穴的主室须经过一间前室和两扇石门，石门的折页也是石头做的。主室内停放着一具石棺，上面覆盖着三张石板。石棺盖着盖，显然是从封顶那天起，就再也没有被打开过。

这间古老的石墓位于底格里斯河岸边，是为亚述一位王后亚巴雅修建的，迄今已有2700 年的历史。在墓室中的一块大理石板上，刻有一行楔形文字："如果有人胆敢动我的坟墓，那他将永远遭受失眠鬼的折磨。"这是王后用来警告来人的一句毒咒。然而，在注意到这句话之前，穆扎欣·默罕莫德·侯赛因就已经进入了她的墓室。没有记录显示过这位考古学家曾经有过失眠的迹象。即使他确实失眠过，也是因为其发现而过于兴奋。

穆扎欣用一根铁棍将棺盖撬开，发现在尘土中有些东西闪闪发光。他描述当时的场景时如是说："我举起灯来，金子的反光不断刺激我的眼睛。"那就是金子，大量的金子。它们被做成珠宝首饰，其工艺之精湛令现代人也叹为观止。棺材中有两具干枯的女尸骨骸，其中一具较小，可能是个小孩。尸骨周围，大量的黄金珠宝在灯光下熠熠生辉。珠宝旁边有大批细小的重瓣金玫瑰，可能是哀悼者在盖棺之前撒在尸体上的，或者是她们衣服上的装饰品。她们身着的衣服被时间所剥夺，但这些金玫瑰还在，证明她们确实美丽过。这些小件的黄金饰品

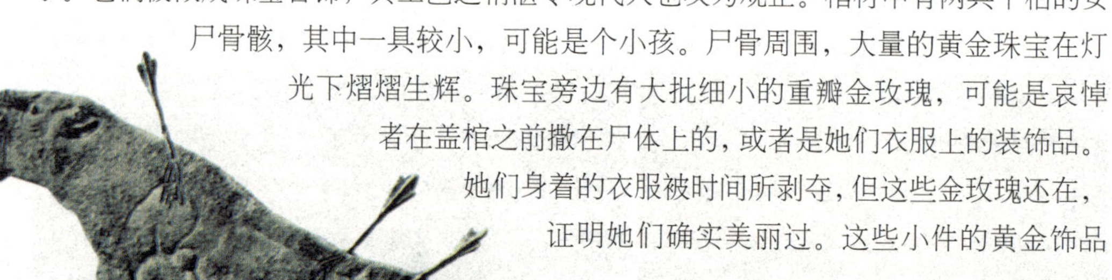

◀亚述浮雕《垂死的母狮》。描绘了一只勇猛而充满活力的狮子因为身中数箭而发出哀鸣的图画，是一种垂死时的可悲形象

▲图坦卡蒙的黄金面具

使穆扎欣和他的同事们眼花缭乱。他们数了数，大约有 80 个制作精美的饰物，总共约重 31 磅（1 磅 = 0.453592 千克）。其中，有更加古老的圆筒印章。在公元前 8 世纪的时候，人们在这种印章上镶嵌黄金，当作首饰佩戴。在近旁的一个灰色石瓶中，发现了一些烧焦的骨头，其来源难以确定。

四个月后，考古学家们发现了另外一座坟墓，其中的宝藏更为丰富。他们估计这是亚述纳西尔帕二世之妻穆里苏王后的坟墓。然而，令考古学家遗憾的是大石棺里什么都没有发现，这些学者们断定王后的尸骸一定已经被转移到其他地方了。埋葬室中有三具铜棺，其中盛放着不明身份的尸骸。室内堆满了手工制品，形式与前一个坟墓中发现的大体类似。这些黄金饰品共有 440 件，总重量约 51 磅。其中有一顶奇异的王冠，形若葡萄树，上面饰有葡萄藤和天青石色的葡萄，以及带翅的裸体女神。另外还有一只高 5 英寸（1 英寸 = 25.4 毫米）的花瓶，瓶壁上绘有战争和狩猎的场景，栩栩如生。

此时的伊拉克正在为两伊战争而困扰，不急于对这次新发现做大肆的宣传，也不愿在众多的外国记者和考古学家面前充当主人的角色。然而消息依然不胫而走。大英博物馆的约翰·科蒂斯看到了这次出土的宝藏，激动地称之为“自图坦卡蒙国王（古埃及）之墓以来意义最大的考古发现”。行内的许多专家也和他一样兴奋。这次发现之所以不同凡响，还在于它所在的地点正是一代代考古学家带着热切的心情无数次挖掘过的地方。之后，学者们发现了亚述人在后宫地板下开挖的地下室，这是作为丧葬的地点，这种做法在美索不达米亚传统中由来已久。根据这种传统，学者们把该墓室的发现作为通往迷宫的钥匙。整体墓穴建筑的上方就是亚述君主的妃嫔居住的地方。在她们的闺房、王宫与其他皇家接待室之间，由一堵异常厚重的墙壁相隔离。

▼亚述纳西尔帕二世皇宫内的浮雕——一头有翅膀的鸟头神像

正如约翰·科蒂斯所言，此次发现对于考古学界来说，具有重大的价值。比如，在公元前 612 年—前 605 年间，亚述帝国衰落，其城市遭到洗劫，珍贵的黄金所剩无几。而今突然间出现了一个丰富的宝藏，这为考古学家的研究提供了丰富的资料。另外，所有这些精美的物品使人们对公元前第一个千年中的亚述国王有了进一步的了解。现代学者一直把亚述君主看作残忍而成功的斗士和帝国主义者。但是，这些精美物品的发现表明亚述君主不仅如人所料地拥有无穷的财富，而且其独到的审美能力和高超的艺术鉴赏力也为世人所惊叹。

黄金之城：哈马丹

古代的伊朗人告诉世界，在他们的国家里有一座用黄金铸成的城市，这就是伊朗人最初的国家——米底帝国的都城哈马丹。

历史上真的有这样金贵的城市吗？那么现在它还存在吗？

据“历史之父”希罗多德告诉我们，哈马丹城的建立者是米底王国的创立者戴奥凯斯。关于戴奥凯斯这个人是否真实存在，过去人们一直抱有怀疑的态度。即使后来人们在亚述文献中也发现了这个名字，学术界仍然有人坚持说此戴奥凯斯非彼戴奥凯斯，亚述文献中记述的与希罗多德所说的并不是同一个人。不过，多数学者倾向认为这两个人实际就是同一个人，即米底国家的创立者戴奥凯斯。

据说戴奥凯斯本来是部落首领的儿子，自幼就十分聪明，长大后的他为了取得僭主地位，努力在本部落中主持正义，被选为仲裁者。他的美名后来逐渐传遍四方，所有的米底人都同意选举他为国王，给他修筑了一座与国王身份相配的宫殿，建立了一支禁卫军。随后，他又强迫米底人给他建造了一座城市作为自己的新都，它就是今日的哈马丹，希腊人也称为厄格巴丹。哈马丹的建立，是米底帝国的开始，戴奥凯斯自然也就被认为是这个帝国的创立者。

从这一点来看，它的出现很可能要远远早于戴奥凯斯时期。

▼米底人制作的黄金器具已经相当精美了

关于哈马丹城的情况，在希罗多德的书里也有详细的描绘。他说哈马丹城墙厚重高大，是一圈套着一圈地建造起来的。每一圈里面的城墙都比外面一圈要高。由于城市建筑在平原上，这种结构对防御外敌进攻大有帮助。据给希罗多德介绍情况的伊朗人说，哈马丹的城墙共有七圈，最外面一圈城墙为白色，长度与雅典城墙大致相等。第二圈是黑色的，第三圈是紫色的，第四圈是蓝色的，第五圈是橙色的，第六圈是白银包着的，第七圈是黄金包着的。戴奥凯斯的王宫，就在镶着黄金的城墙之内。

▲米底人制作的黄金饰品

世界上怎么还有这样奢侈的城市呢？竟然用尊贵的黄金来装饰城墙。所以希罗多德关于哈马丹有七圈城墙的说法，听起来就像个神话传说，特别是说最后两道城墙包上了白银和黄金，就更像是海外奇谈，令人不敢相信。

不过既然是在文学作品中出现这样的描述，夸张自然不可避免，况且那个时代的西方人大都喜欢把东方描绘成人间乐园，好像那里黄金遍地，财富无穷。希罗多德就曾经这样告诉过希腊人：“谁要是占有苏撒的财富，就可以和宙斯斗富。”而当时的苏撒城，绝对算不上西亚最富裕的城市。

根据同时代巴比伦人留下的楔形文字资料，以及后来的《亚历山大远征记》等的记载，我们知道，哈马丹城和两河流域城市一样，并没有七道城墙，也更没有什么金墙、银墙。历史上的哈马丹在伊朗语中有“聚汇之地”的意思。因为，它不仅是米底帝国的政治中心，也是古代伊朗交通要道

▼刻有米底人形象的浮雕

的中心，它维持着东西方繁荣的国际贸易，著名的丝绸之路就经过这里。

尽管没有任何文字资料，但是我们从亚述宫廷浮雕中还是可以看出米底王国一般城市的大致情况。它们都有坚固的城墙，高耸的塔楼。城墙外有护城河，足以抵抗强大敌人的进攻。哈马丹作为米底最大的城市，也是米底反抗亚述的起义中心，理所当然应当更加雄伟坚固。同时，我们从希罗多德所说的得知，米底王宫离城墙很近。这与其他国的都城，如尼尼微和巴比伦情况相同，那里的王宫与城墙也很接近，或者说城墙本身就是王宫防御体系的一部分。

米底帝国灭亡之后，哈马丹又成了古波斯帝国四大都城之一。古波斯历代帝王，每逢夏季都要来哈马丹的夏宫避暑。后来，哈马丹又成了塞琉西王朝在东伊朗的统治中心。安息时期，哈马丹一度是安息的都城，并且是丝绸之路中段的重镇之一。哈马丹在伊朗历史上繁荣了2700多年之久，直到今天，它仍然是伊朗最主要的城市，并且是伊朗农牧业生产的中心。

根据米底王国初期的情况判断，哈马丹城里可能是分部落或种族而居，每个居民区之间可能有围墙加以隔开，就好像中古伊朗城市的居民区一样，也是按部落居住的。哈马丹的这些围墙加上宫墙和外城墙，总数可能正好是七道。当然，古代哈马丹城的街区也可能就和今天的情况一样，居民区就像蜘蛛网一般，一圈又一圈，围绕王宫形成了七个包围圈。不过，由于古波斯帝国时期的哈马丹遗址至今还没有进行任何发掘，因此，古代哈马丹城的情况，今天仍然笼罩着一层神秘的面纱。

◀这是描绘波斯国王率军征战的壁画

第七章
穿紫袍的腓尼基人

在古埃及的文献里，腓尼基称为“腓尼赫”。古希腊人称它为“腓尼基”，意思是“紫红之国”。这是为什么呢？原来在当时的埃及、巴比伦、赫梯以及希腊的贵族和僧侣，都喜欢穿紫红色的袍子，可是，这种颜色很容易褪去。他们都注意到，居住在地中海东岸的一些人总是穿着鲜亮的紫红色衣服，似乎他们的衣服总也不会褪色，即使衣服穿破了，颜色也跟新的时候一样。所以大家把地中海东岸的这些居民叫作“紫红色的人”，即腓尼基人。他们在美索不达米亚文明中曾留下短暂的辉煌。

▼战场上勇猛善战的腓尼基士兵

腓尼基短暂的辉煌

腓尼基是古代一个城邦国家，位于叙利亚西边，西临地中海，东倚黎巴嫩山，北接小亚细亚，南连巴勒斯坦。约公元前2000年，腓尼基沿海已出现一批贵族统治的城市小国，臣服于埃及新王国。公元前1000多年，腓尼基城邦才从其他迦南人国家中脱颖而出。居民以海上贸易为主。公元前12世纪初，腓尼基达到极盛时期。

▲战神阿淑尔的雕像。这位战神是亚述人信奉的主神，从他们的信仰中可以看出他们是一个好战的民族

公元前10世纪起，腓尼基人为了连接与欧洲各地的贸易，各邦开始大批向海外殖民，殖民地遍布地中海沿岸各地，其中迦太基最强大，腓尼基成为仅次于希腊人的殖民民族。现在很多的欧洲地中海城市基本上是在此基础上建立的。公元前9世纪至公元前7世纪，环地中海的所有财富基本都集中到腓尼基人的手中。财富给腓尼基人带来了前所未有的物质文明，也带来了灾难，发源巴比伦的军事强国亚述王朝为了腓尼基的巨额财富开始了侵略。腓尼基各城邦联合起来反对亚述的入侵，但从来只重视商业忽略政治的腓尼基人被亚述强大的军事机器绞杀，腓尼基沦陷了。

公元前6世纪至公元前4世纪，腓尼基各城邦先后被新巴比伦王国

◀卓越的军事战略家汉尼拔像。在他的率领下，迦太基几乎取胜，可惜后来失败了

征服，后又成为波斯帝国的第五行省。公元前332年，马其顿王亚历山大大帝东征，在推罗遇到顽强抵抗。此后，腓尼基人先后处于希腊人、罗马人的长期统治下，逐渐与其他民族融合。

在母邦丧失独立时，腓尼基的殖民地却正在西部地中海称霸（公元前7世纪至公元前2世纪），先与希腊人争雄，后又成为罗马人的劲敌。罗马人称其为布匿人。迦太基在第一次布匿战争中失败。在第二次布匿战争中，迦太基大军几乎攻入罗马，但最后罗马人仍取得胜利。在第三次布匿战争中，迦太基被罗马灭亡。古代腓尼基人积聚起了巨额财富。腓尼基最大的城市推罗的富庶在古代作家们的笔下，让人展开最丰富的想象都不为过，“街上堆银如土，堆金如沙”。但是金钱不但不能赶走侵略者，反而导致了他们的灭亡。腓尼基人的命运实在让人感叹。

▲布匿的迦太基人强大的军事力量使得他们日益强大，他们占领的殖民地也为他们积累了大量的财富

▼迦太基人用非洲的大象作为战车，和罗马军队作战，但在穿越阿尔卑斯山脉时，大部分大象死了

最早的字母文字

“腓尼基”一词对于多数人而言比较陌生，它被人淡忘已有3000余年。它是古代地中海沿岸兴起的一个城邦国家，有着先进的文明，却也是一个为世人所憎恨的民族。时过境迁，该如何看待这个谜一般的民族？

在流传下来的古希腊和古罗马的各种著作中，对腓尼基人都颇有微词：他们苛刻、狡诈，用一艘船的油从西班牙人手里换取不计其数的白银，以致差点压沉了他们的船只；他们对居住在非洲内陆的黑人横征暴敛，毫无恻隐之心，推崇那些最能榨取民脂民膏、待民如虎的总督；他们不耻于做强盗，公开拦截在海上航行的船只，抢劫船上的财物，使得人心惶惶；他们还贩卖奴隶，甚至耍诡计诱骗自由人为奴隶，比如将靠岸者的船推入茫茫大海中，使其失去交通工具而被迫为奴……真可谓劣迹斑斑，周边的民族对之恨之入骨但又无可奈何。

▲两河流域出土的青铜剑。青铜器的冶炼成功，推动了社会进步

但是，就是这样的一个民族，据说他们却是世界上最早的字母文字发明人。

相传，有一个叫卡德穆斯的腓尼基木匠，他的聪明远近皆知。有一次，他在别人家里干活儿，需要一件工具，恰好忘记带来了。他随手拿起一片木头，用刀在上面划了点什么，然后让一个奴隶送给家中的妻子。卡德穆斯的妻子看了木片，什么都没说，就递给了奴隶一件工具。奴隶惊呆了，认为他的主人是在用一种神秘的方式，通过木片上的符号来表示出他需要的东西。据说，卡德穆斯在木片上划的就是腓尼基第一次出现的字母文字。许多人都知道了这件事情，来向卡德穆斯求教，卡德穆斯就将他发明的字母文字教给了其他人。这样腓尼基字母就逐渐传播开来。

▼这块泥板上的文字据说是最早的字母文字

实际上，腓尼基字母的产生并非偶然，而是实际需要的结果。腓尼基人忙于商业和航海业，记账、签署“文件”之类的事可不容忽视，但是，当时流行的象形文字和楔形文字无疑太费时了，视时间如金钱的腓尼基人怎能忍受得了？被逼无奈之下，只好割舍了旧写法的美观，从埃及象形文字中借得一点画儿，又从巴比伦文字里简化了一些楔形文字，把旧写法的几个画重组成一组。如此，借鉴了前人的成果，又充分发挥自己的聪明才智，终于发明了简便的22个字母。

近现代考古学家们在乌加里特古城发现了数以千计的

用楔形符号写的字母文字泥板。学者们还在这里发现了一本被认为是世界上第一本有字母文字表的《识字读本》。后来在腓尼基南北通用的由22个辅音音符所组成的字母，就是由此演进而来的。这种字母的确是省时省力，但是却没能代替埃及的象形文字和美索不达米亚的楔形文字。有人解释说，当时也曾提出过许多改良措施，但在埃及和巴比伦，写字是一种很郑重的事，几乎是神圣的，结果，改良被当作渎神之举而付诸东流。这一说法的真伪现在无从考证，然而在没有文字的地中海地区，腓尼基人的字母大获成功。随后，古希腊人又在腓尼基字母的基础上创造了希腊字母。在希腊字母的基础上，又形成了罗马及其周围地区拉丁人的拉丁字母。如今欧洲各国的拼音字母差不多都是从希腊字母和拉丁字母演变而来的。因此可以说，腓尼基字母文字是欧洲国家字母文字的始祖。

如今，人们从腓尼基人那里寻找到了今天的欧洲国家字母的缘起，以下便是例证。

A在字母表上名列前茅，是事出有因的。在古腓尼基的时候，字母A叫Aleph，意思是牛。当时A的写法是V，样子像牛的双角。当中并有斜斜的一横。牛是腓尼基人的衣食之源，任劳任怨的劳动力，一群牛对他们来说就意味着一大笔财富。希腊人把它翻转过来，成为现在这个样子。

在腓尼基语中，B叫作Beth，意思是帐篷或房子。腓尼基人当初写字母B时，看起来很像原始的一套两间住房。一间给男人住，一间给妇女住。因为生存的第二个重要条件是住房。所以B就排在了第二位。

第三个字母“C”代表骆驼，这符号像一只骆驼的头和脖子而叫“Gimel”。因为骆驼对腓尼基人而言是个重要的旅行工具，希腊人把符号掉个头并叫它“Gamma”，罗马人借用并赋予它一个优美的曲线，从而称之为“C”。

▼只追求物质，而不注重全面发展如国家的军队、文化等，是不能推动王朝的强大和富强的

D在腓尼基语中叫Deleth，是从埃及象形文字那儿吸收过来的。埃及象形文字D，意思是门，样子也很像门。

腓尼基语的L叫Lamed，即“鞭子”之意。赶骆驼离不开鞭子。

腓尼基人善于航海，字母M叫Mem，表示海上的波浪，意思是水。

……

然而，可悲的是，腓尼基人把装满财物的大柜子尊为国家的荣耀和最高理想，从不留心书籍和学问，从不鼓励艺术和科学，不知道怎样聪明合理地使用他们的钱。于是它灭亡了，毕竟没有一个国家能只靠单纯的物质产业就能建设得好。

腓尼基文明长眠于地下多年，其是是非非难以分清，但其文明的光芒却照耀着勇敢奋进、讲究实际的人们破除束缚，勇往直前。同时，它也警醒着后世的人们：不要重蹈覆辙。

腓尼基人是最早的航海家

腓尼基是一个勇敢的民族。在人类造了第一只简单的船只之后的很多个世纪里，人们来到水天连接之处，望着浩淼的海洋，却步不前，因为那里全是黑暗的失望和死亡。之后，来了腓尼基人，他们没有这种恐惧。腓尼基人不愧为最勇敢的探险家。往日令人生畏的海洋刹那之间变成了平安大道，地平线的危险变成了神话。

公元前七世纪时，埃及法老尼科把腓尼基最优秀的航海家召集到王宫里来。

"听说你们最擅长航海，是吗？"法老问。

腓尼基人相互望了一眼。这一回他们没有立即回答，因为当时他们只去过地中海和红海附近的非洲沿岸，而对于整个非洲大陆，是一无所知的。

法老紧接着又说："你们从红海出发，环绕非洲航行，要一次也不向后转，而且海岸始终要在右边，最终绕过直布罗陀海峡，进入地中海，回到埃及。如果你们能够做到，我一定重赏！"

这是世界上还没有开辟过的航道，要冒极

◀反映腓尼基人航海情况的浮雕

大的危险。是勇敢地接受这个任务呢，还是胆怯地推辞？经过一番考虑以后，腓尼基的航海家们毅然回答法老：“陛下，我们愿意试试！”

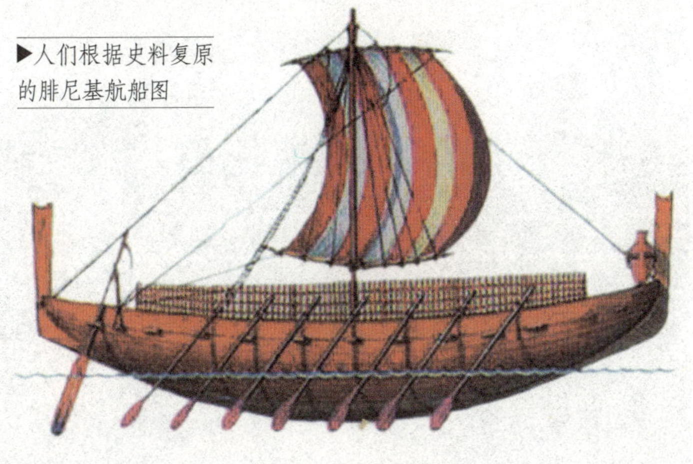
▶人们根据史料复原的腓尼基航船图

尼科法老的脸色顿时严肃起来：“要是你们贪生怕死，中途返回，那我要严厉地惩办你们！”好胜的腓尼基航海家坚定地回答：“请陛下放心！”

很快，三艘腓尼基航船准备就绪。它们都是双层的划桨船，船头尖尖的，船尾向上翘起。上面一层的船员负责航行的方向，下面一层的船员只管划桨。船身用铅丹和赭石漆成红色，光彩耀目。在装满了环航需要的粮食和沿岸交换的商品后，航船从埃及的港口起锚出发了。

航船行驶了40天，到达一个村庄。当地居民个个皮肤黝黑，半裸着身子。他们好客地请航海家们饱餐了一顿。善于经商的腓尼基人在地上摆出了货摊，陈列着种种商品：绛红色的布匹，金银做的杯子，琥珀镶的项圈，锋利的铁匕首……当地居民从来没有见过这样漂亮的东西，争着拿出许多动物来交换。这里有驯熟的猴子，善奔的猎犬，长角的公牛……可是腓尼基人一样也不要，他们只要一种香气扑鼻的树脂——没药。因为他们知道，埃及的僧侣愿意拿出许多金银来换取这种珍贵的药材。

又航行了许多日子，天气愈来愈热了。船员们很想休息一下，可是找不到可以安全靠岸的地方。原来，那里的居民是他们从来没见过的人种，皮肤漆黑漆黑，嘴唇很厚很厚，鼻孔又大且向上翘。一个个赤着膊，腰带上挂着一条豹尾巴和一串贝壳。只要一见腓尼基的航船，他们马上抛出许多石子，并在岸上拉开弓箭恫吓，不许腓尼基人上岸。看来，他们对这些从来没见过的腓尼基航海家是非常警惕的。

◀像这样的陶瓶也是交换的对象之一

船队只好继续航行，到了一片无人的沙滩，腓尼基人才上岸休息一会儿。

“这是什么？”一个青年船员指着一堆长长的象牙问道。在象牙的旁边，还有几张豹皮。

“噢……对了，”一个年老的航海

▲黄金饰品。制作工艺的精美让世人感叹

家拍着脑袋说，“这里的人要和我们交换商品，但又怕我们闯进他们的村子，所以在海滩上摆上了他们的货物。”

“真是好运气！”青年船员们把 120 只象牙全部搬到舱里。然后，在沙滩上放了一些明亮的串珠、彩色的珐琅容器和青铜做的斧头。

“这次我们发大财了！”当他们离开海岸时笑着说。

航行了 12 个月之后，忽然发生了一件怪事。

“怎么太阳从北边照过来的呢？”一个船员惊奇地说。原来，当时北半球的人们从来没有穿越过赤道，只知道中午前后的太阳是从南边照过来的。现在他们来到了南半球，所以看到这种现象惊讶不已。

又过了几天，航船停在海滩边不走了。航海家们正在商量着。

“船上的粮食已经吃完了，怎么办？”一个船员担心地说。

“看来我们只好在这里种地了。”大家叹息道。

他们不得不上岸打猎，以获取食物；并在地里种上了大麦和小麦。在炎热的太阳光的照射下，不到三个月，麦子就成熟了。他们收获了粮食以后，继续向前航行。

“好！大地向西转弯了！我们可以回家了！”当海员们到了非洲大陆南端的时候，高兴地跳了起来。

航船开始向北航行。当第二年航行结束的时候，中午前后的太阳光又从南方照来了——他们回到了北半球。

船员们登上了一个小岛，又发现了一件奇事。

“这是什么？”船员们向前望去，原来是一些满身都是长毛的“人”。这些“毛人”攀登悬崖像飞一样的敏捷。其实，这些都是猩猩，因为当时人们还不知道这种动物，所以把它叫作“毛人”。

▲小雕像。刻画的是一个老翁的形象

“抓几个来！”几个善于打猎的腓尼基人拿着长矛奔了过去，可是“毛人”都逃走了。好不容易抓到三个，它们一个个嘴大腰粗，浑身长毛，恶狠狠地哇哇大叫，乱抓乱咬。要把它们带回去是不行的，只好将它们打死，把毛皮剥下来带走。

又航行了好几个月，到了一条大河的口岸。河里满是鳄鱼和河马，但是，河边却有许多村庄。走上岸去一问，原来都是老乡——腓尼基人。他们是从地中海迁移到大西洋沿岸来的。“好了，我们已经到家了！”

再过去就是直布罗陀，他们很快进入了地中海，结束了三年的航程，回到了埃及。

一天，尼科法老的一个大臣向他报告：“报告陛下，3 年前出海的腓尼基人回来了，正在宫外听令。”尼科法老一听，大吃一惊地说：“什么，他们还活着，快让他们进宫。”腓尼基人进来后，尼科法老把脸一板，说：“大胆的腓尼基人，竟敢欺骗我，快说，这 3 年你们躲到哪里去了！”腓尼基人将这 3 年的航海经历详细地说了一遍，然后向尼科法老献上了他们沿途搜集到的各种奇珍异宝。尼科法老终于相信了，说：“腓尼基人真是最优秀的航海家。”然后重赏了这些航海家。

腓尼基的航海家们驶过地中海，进入大西洋，向北一直到达英吉利，向南一直到达西非。这足以证明腓尼基人在航海方面的能力。腓尼基航海家们这次环绕非洲的航行，距今已有 2600 多年，它是人类航海史上的一个伟大的创举。

第八章

“众王之王”的波斯帝国

前面我们已经提到，在希腊人中广为流传“谁要是占有苏撒的财富，就可以和宙斯斗富。”苏撒是什么地方？“众王之王”的波斯帝国又是如何神秘呢？

古波斯帝国建立之前，苏撒就已成为波斯的都城。苏撒是伊朗文明最早的发祥地。居鲁士大帝时期，苏撒是帝国四大都城之一，并开始在城内兴建宫殿。

波斯波利斯宫殿之火也成为了人们了解波斯帝国的一个谜团，它标志着古波斯帝国的结束和希腊化时代的开始。此后，这座古代世界最雄伟的宫殿，就再也无人居住，听任风吹雨打，日渐毁灭。它昔日的光荣也慢慢地被人们遗忘，只有在伊朗的史诗和说唱文学中，留下了一些离奇古怪的神话传说，伴随着商路上的驼铃声，传向四面八方。

◀米底和波斯有着很深的联系，曾先占领了波斯，后来又被波斯征服。后来，在这块土地上波斯人建立了强大的帝国，不但国家的疆域广大，而且有着高度的文明，这是波斯人的浅浮雕

悬崖石刻上的故事

古波斯文明已失落了两千余年，古波斯的楔形文字也早已成了一种“死文字”，对于大多数人来说，它是相当陌生的，我们又该如何透过几千年的迷雾来看待它呢？

在波斯高原西部、伊朗与伊拉克边界旁的伊朗境内，有一座名叫克尔曼沙的商业城市，城东2～3公里处有一个名叫贝希斯敦的小乡村。两千多年来，它默默地远离城市的喧嚣，忘记了过去，也被人们遗忘在记忆的角落里。然而时至今日，“贝希斯敦”这个名字不仅走出了克尔曼沙这座城市，而且冲出亚洲走向了世界。这应该归功于它附近的一处悬崖，因为上面有一种让人找回失落文明的古文字；这也同样应该归功于一位名叫罗林森的英国人。

▲有了现代的科学技术，人们可以通过电子计算机等高科技来进行楔形文字的研究

1835年，英军少校罗林森奉命前往伊朗，出任库尔迪斯坦省总督的军事顾问。这位业余考古爱好者到任不久，就风闻附近有石刻。他当然不会置若罔闻，跑去一看，果然在贝希斯敦村附近发现了一尊大型摩崖石刻。只见该峭壁铭刻离地面约有100米，石刻本身高约8米，宽约5米。上半部是一个浮雕，下半部是用古波斯语、埃兰语和阿卡德语三种楔形文字写成的铭文。楔形文字是西亚的古老文字，距今已有5000多年的历史。

古波斯楔形文字并非历史形成的文字，而纯粹是人造文字，而且使用范围有限，认识者极少。因此在用它发布诏令时，有必要以当时通用的埃兰文和阿拉美亚文译出。铭刻用三种楔形文字书写的缘由正在于此。

▼考古学家翻译过来的楔形文字对照表

楔形文字表示的数字

1	11	21	31	41	51
2	12	22	32	42	52
3	13	23	33	43	53
4	14	24	34	44	54
5	15	25	35	45	55
6	16	26	36	46	56
7	17	27	37	47	57
8	18	28	38	48	58
9	19	29	39	49	59
10	20	30	40	50	

然而，古波斯的楔形文字随着公元前330年波斯国的灭亡逐渐变成了一种无人通晓的死文字，而另两种楔形文字也早已失传。因此，人们并不知道这些文字在向人们诉说着什么。罗林森决心解开这个谜！他冒着生命危险爬上悬崖峭壁，小心翼翼地拓下一片片铭文，

开始了艰苦卓绝的释译工作。功夫不负有心人。踏着前人的脚步，经过12年的钻研，罗林森终于在1845年成功地译解了其中的古波斯文，而剩余两种文字所述内容估计与波斯文是一致的。从此，悬崖上的这种让人疑惑不解的东西不再是一个谜，人们了解到它的背后一个鲜为人知的故事。

▲公元前5或4世纪前雕刻的米底人雕像

公元前522年3月，波斯皇帝冈比西斯二世率大军远征埃及。有一个名叫高墨达的僧侣乘机冒充被冈比西斯处死的皇弟巴尔迪亚，在波斯各地和米底发动叛乱。叛乱持续了半年之久。皇帝冈比西斯在从埃及返回波斯的途中突然病死。高墨达便以巴尔迪亚的名义名正言顺地当上了皇帝。但他从不召见大臣，每天深居简出。这可不像一个皇帝的所为，大臣们疑窦重重，一时之间，流言四起。有人传说这个巴尔迪亚其实是拜火教僧侣高墨达，但苦于拿不出确凿证据。后来，冈比西斯过去的一位王妃发现新皇帝没有耳朵，并将这事告诉了父亲欧塔涅斯，欧塔涅斯马上断定新皇帝不是巴尔迪亚，而是僧侣高墨达。因为在居鲁士当皇帝时，这个高墨达由于过失被居鲁士下令割去了双耳。欧塔涅斯马上把真情告诉了另外的6名波斯贵族，其中包括后来的皇帝大流士一世。他们决定发动一次政变，杀死高墨达，夺回政权。他们成功了，但是围绕着谁最有资格当皇帝，争执不休。一时间，波斯贵族群龙无首。稍后，欧塔涅斯退出，但剩下的6人仍互不相让。最后他们商定，第二天早晨6人乘马在郊外集合，谁的坐骑首先嘶叫由谁当皇帝。大流士让他的马夫使了一个计策，使他的马先叫了起来，当上了皇帝。大流士不愧为一位足智多谋的人物，利用“叛军”之间缺乏联系的缺陷，各个击破，历时一年最终平定了叛乱。

▲大流士一世头像。他的祖先波斯人居鲁士就是从米底人的手中夺得的政权

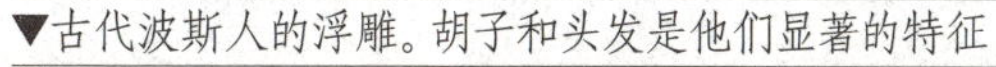

▼古代波斯人的浮雕。胡子和头发是他们显著的特征

▲这就是大流士巡行时留下的著名的《贝希斯敦铭文》的石碑

贝希斯敦的摩崖石刻，记载的正是大流士的丰功伟绩，其中充满了溢美之词。铭文用的是第一人称，其中写道：“我，大流士，伟大的王，众王之王，波斯之王，诸省之王，叙斯塔斯帕之子，阿尔沙马之孙，阿黑门尼德……按阿胡拉·马兹达的意旨，我是国王。”原来，江山稳固之后，大流士自感功成名就，于公元前 520 年 9 月踌躇满志地巡行各地。在巡行到米底首府爱克巴坦那（今伊朗哈马丹）附近一个叫贝希斯敦的小村庄时，他的心情无比豪迈，回想这些年来的坎坎坷坷，感慨万千，于是命人在村旁的悬崖峭壁上刻下自己的丰功伟绩，尤其是镇压叛军的经过，借以扬名后世。

石刻浮雕上的主角自然是洋洋自得的大流士。只见他倚弓而立，身罩披肩，气宇轩昂，圆睁双眼，目视前方。左脚踏着倒在地上的降王高墨达，右手指向波斯人崇拜的光明与幸福之神阿胡拉·马兹达。背后是两名身背箭袋，手握长矛的贵族。8 名降将被绳索绑缚着脖颈，俯伏在大流士的脚下。这些叛乱首领被雕刻得很矮小，与高大伟岸的大流士形成鲜明对比。

贝希斯敦摩崖石刻铭文（即楔形文字）的破译，也为人们打开了尘封的古波斯帝国的记忆，逐渐向世人展现出一幅清晰壮观的历史画面。

波斯帝国的开创者是居鲁士。公元前 550 年，居鲁士消灭米底王国，建立阿黑门尼德王朝，定都苏撒，是为波斯帝国之发端。公元前 529 年，居鲁士在作战时兵败身亡，其子冈比西斯继位。公元前 522 年，大流士继承王位，号称大流士一世。现代学者普遍认为，贝希斯敦铭文中关于伪巴尔迪亚（即高墨达）的记载，

▶大流士时期波斯人制作的银质筒，造型独特，制作精美

完全是精心编造的谎言，目的是为大流士一世弑君篡位辩护。历史的真相是：冈比西斯二世即位后力图加强王权，引起了贵族们的嫉恨，必欲除之而后快。在一场阴谋政变中，冈比西斯二世身亡。其弟巴尔迪亚夺取王位，继承先兄未竟之业，继续走上加强王权之路，但结局同样悲惨。以大流士一世为首的阴谋集团终于发动政变，弑君篡位。

▲大流士觐见大厅。壁画中描绘了头戴金冠，身穿绛红长袍的大流士进入苏撒王宫的情形

无论如何，波斯帝国在大流士一世执政时期趋向辉煌。一方面，它大肆进行军事征服，建立了一个庞大的帝国，版图东起印度河流域，西抵小亚细亚，北至欧洲的色雷斯，南及尼罗河第一瀑布。另一方面则厉行改革，采取了一系列行之有效的措施，取得了令人瞩目的成就。

当上皇帝后，大流士大力加强中央集权，树立权威。他不仅自称众王之王，宣扬君权神授，还追求形式上的威仪。上朝时头戴闪闪发光的金皇冠，身穿绛红色的长袍，腰系金丝腰带，手握黄金“权杖”，端坐在金阶之上。身后则站立着大群高擎羽扇和大伞的随从和侍卫。大臣要跪在地上朝见，为了避免大臣的呼吸亵渎皇帝，在皇帝和大臣之间还要用帷幕隔开。为了保卫身家性命，他建立了一支1.2万人的卫队，人称“不死队”，因为他们的人数永远不变，随时有预备队补缺。

▼居鲁士率领他的士兵在战场上作战

▲两河流域的各个民族的兴衰与波斯王国有着深深的联系，他们之间为了争夺领地经常兵戎相见。这是古代波斯军队中的步兵形象

为了防止出现叛乱，他把全国分成许多军区，军区长官只对他一人负责，任何人无权调动军队。行政上以波斯贵族取代当地贵族担任行省总督，实行军政分治，直属国王。他还下令修筑了一条全长两千多公里的驿道，称为“皇道”。沿途设有100多个驿站，驿站的信差用接力的方法运送物资，十分快捷。据说大流士此举是为了及时把好吃的爱琴海产的鲜鱼送到王宫，由此希腊人羡慕地说：“波斯王住在巴比伦，爱琴海鲜鱼进宫廷。”大流士还下令挖了一条由尼罗河到红海的运河，这条运河就是现代苏伊士运河的前身。驿道、运河虽为军事目的而建而且不止一条，但它们促进了各地间的经济文化交流。

▲在圆形印章的图案中，就有描绘大流士在战车上猎狮的情形，左侧是楔形文字进行叙述

大流士还从法律上稳固自己的统治，编纂法典，修订各地原有法律，以适应帝国统治。他即位后就将各行省的贡赋固定下来，并统一了度量衡。他下令铸造和使用金币“大流克”，正面是他本人的头像，反面是一个弓箭手。现在，这种钱币成为古币收藏家眼中的珍品。在解决国内民族众多、语言文字互异问题上，他没有实行“民族沙文主义”，而是把当时西亚流行的阿拉美亚语确定为全国通用的官方语言，用以发布诏令、公文，允许各地继续使用本地语言处理本地事务。在文学艺术上，帝国也成就斐然。如《贝希斯敦铭文》和《纳克希·鲁斯坦铭文》等，都是用具有节奏性的诗歌语言写成的文书，结构严谨，风格典雅，为古波斯文学和后世文学树立了典范。

然而，波斯帝国毕竟是一个依靠武力建立起来的多民族奴隶制国家，内部矛盾错综复杂，阶级冲突、民族冲突和宗教冲突频繁，帝国的统治危机迭现。希波战争中波斯的败北，使波斯帝国遭受重创，显赫一时的大帝国开始出现颓势。与此同时，帝国内部诸行省起兵反抗，要求摆脱统治。内外交困加剧了帝国的危机。公元前330年，波斯为亚历山大率领的马其顿军所灭。

▲大流士进攻俄罗斯时，正是受到斯基泰骑兵的英勇抵抗

古波斯消失了，但古老的文明没有因此而彻底湮灭，因为无数的“贝希斯敦铭文”以及其他书写有楔形文字的泥板文书流传下来了。

波斯波利斯

▲在波斯波利斯宫殿里发掘出来的石雕像

波斯波利斯位于伊朗设拉子市东北60公里处，为波斯帝国旧都。1979年，联合国教科文组织将其作为文化遗产，列入《世界遗产名录》。

波斯是一个伟大的民族，他们建立了世界性的大帝国，建造了三座宏伟的都城——帕萨加第、波斯波利斯和苏撒。这些都城被建造得富丽堂皇，其建筑技术和建筑材料来自帝国各地。例如苏撒的王宫是由巴比伦和米提亚建筑师设计，其建筑材料来自印度和黎巴嫩，黄金来自吕底亚和大夏，象牙来自非洲，而白银、绿松石和宝石则来自更遥远的国度。

公元前518年，大流士迁都波斯波利斯。这座世界上最豪华的宫殿前后共花费了60年的时间，历经大流士等三个朝代才得以完成。根据波斯波利斯王宫正门上的铭文，大流士一世时代只完成了都城的宫殿、宝库、觐见大殿、三宫门等建筑。薛西斯一世修建了万国门和其余主要部分，从此，这座象征着阿契美尼德王朝辉煌文明的伟大城邦不仅是帝国的心脏，而且成为了存储波斯帝国财富的巨大仓库，以高傲的姿态庄严地耸立在波斯平原上。

从遗址的废墟可以看出波斯波利斯原是一组风格华丽的宫殿，整个王宫的建筑除了石雕、浮雕外，还有釉陶砖瓦、各类壁画及黄金、象牙等镶嵌物。宫殿的墙虽然是土坯砌造的，但表面都贴上了黑白两色大理石或彩色琉璃砖，大厅内部布满色彩鲜艳的壁画。

波斯波利斯建在拉赫马特山西面山麓，背依山峦，居高临下，可以俯视辽阔的法尔斯平原。全部宫殿建筑总面积达14万平方米，所有的房舍都建造在人工垒成的12米高的平台上，平台长448米，宽297米。平台的西北端有阶梯，宽7米，共有111级石阶，每级石阶只有10厘米高，足以让人骑马上去。除平台之外，最明显的还有13根依然耸立的高大的石柱，

▶波斯帝国的卫兵雕像，当时他们是一支不可战胜的军队，强大无比

石柱高 10 余米到 20 米。还有数不清的石墙、石门、石雕像和房屋台基。从这些遗物可以想象出当年宫殿的巍峨高大、雄伟壮观。

▲波斯的萨珊镀金银盘。一个骑马的王子正在射杀一只野猪

阶梯的尽头是“万国门”，也叫“薛西斯门”或者“波斯门”。在平台上，考古学家们发现了两段巨大的仪式用阶梯，它们分别通向觐见大殿的北面和东面，是波斯波利斯最宏伟壮观的景象之一。阶梯上饰有大量浮雕，刻画了波斯帝国 23 个属国的使节向国王进贡献宝列队前进的场面，他们各自手捧贡品，分上中下三排，由波斯或米底军官引路，手捧贡物，送向处于中心地位的皇帝。皇帝站在华丽的华盖下面，象征着波斯帝国的伟大和永恒。根据贡使的服饰和所贡物品可以识别出这些使节有波斯人、米底人、伊兰人、帕提亚人（今伊朗）、埃及人、扎兰人和萨卡尔提亚人（今锡斯坦以西）、亚美尼亚人、巴比伦人、西里西亚人、斯塞西亚人、坎大哈人（今阿富汗南部）、索格特人、亚述人、萨尔德希腊人、巴赫蒂亚尔人和印度人、索库德人、叙利亚和美索不达米亚之间的阿拉伯人、索马里的普提人以及埃塞俄比亚的哈巴什人和利比亚人。他们的贡品有宝石、金银酒器、瘤牛、精纺羊毛披巾、种马、珠宝、珍贵皮毛和公羊等。这些雕刻品历经 2400 多年依然栩栩如生，并由此可以看出，当年的阿契美尼德帝国是何等的繁荣昌盛。

▼当年宏伟的波斯波利斯宫殿，如今只剩下一些石柱了

阶梯所通向的觐见大殿又称阿帕达纳宫，是大流士一世接见外国使节的宫殿，向西双向

石阶，院内两台阶，一东一北。根据传说，大流士一世也曾将大量的货币和文书埋于大殿地下。殿内大厅呈正方形，每边长达61米，中央大厅有36根石柱。大厅外的前廊和左右侧廊各有石柱12根，共计72根。大会厅面积3600平方米，可同时容纳近万人。大厅外墙面贴黑白两色大理石或彩色琉璃面砖，雕刻花纹或拼接图形，屋檐和枋木都包贴金箔。大厅内墙面有壁画。这些石柱高18米，石柱的柱础、柱身和柱头都有着精美绝伦的雕刻，尤其是柱头雕刻更是华贵异常，自上而下有覆钟、覆莲、竖立的成对涡卷，上端是相背而跪的雄牛，两牛头间用以架设托梁横木。柱础是覆钵形，刻着花瓣，柱身上刻着凹槽，极尽精巧。

▲波斯波利斯的“万国门”

与觐见大殿仅一小庭院相隔处还有一座更加庞大的建筑，据考证有可能是薛西斯一世的觐见大殿。殿内大厅同样也是正方形，每边长为73米，因为殿内有100根13米高的石柱，因而被称为“百柱殿”。在这座华丽的大殿里面，国王可能在100根柱子构成的柱林之间气宇非凡地端坐于宝座之上款待远方来的尊贵客人。在百柱大殿的后面，有着拥塞的金库、贮藏室以及寝宫。1971年10月，伊朗政府曾在这里举行波斯帝国建国2500年庆祝大典，招待宴请各国宾客。

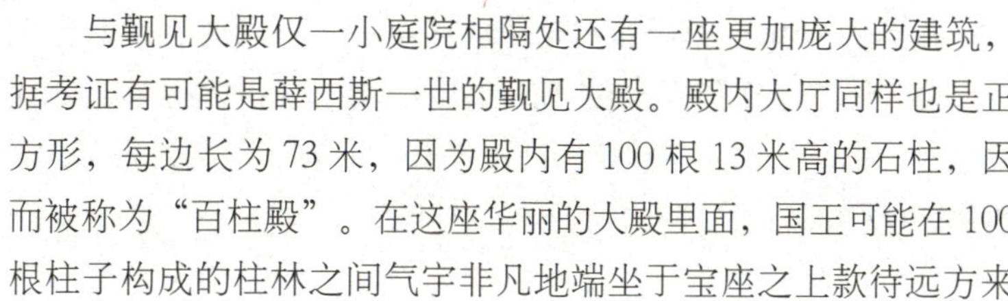

▲波斯石雕。上面是一个可爱的波斯妇女的形象

波斯波利斯的宫城除了具有历史和建筑艺术方面的意义之外，它的建筑和雕刻也反映了当时波斯和周围地区的文化交流，表现了波斯如何把这些文化因素与自身的文化融为一体。根据古波斯铭文记载，王宫建筑是由许多民族和部落的匠师共同建筑起来的，其建筑艺术风格上，除了波斯的成分外，还包含有西亚、埃及和希腊等艺术风格的影响。

然而，自从考古学家1930年到1940年间发掘出这座巨大的古代建筑遗址之后，就有了一个巨

▼波斯金质战车的复原图

大的疑问：王宫遗址上有严重的火焚痕迹，焚毁的部分是正殿和珍宝库。

如此强大的帝国王宫，为什么会被人焚毁，又是被谁焚毁的呢？

根据历史学家的研究，一般认为王宫毁于马其顿王亚历山大之手。公元前 334 年春天，亚历山大正式向波斯宣战。他率领 30000 步兵、5000 骑兵所组成的以马其顿人为主力的希腊联军和 160 艘战舰渡过赫勒斯滂（今达达尼尔海峡），向小亚细亚进发。亚历山大首先在格勒奈克斯河战役中击败了波斯军队。公元前 331 年春，亚历山大率军队向东进发，经巴勒斯坦、叙利亚，到达美索不达米亚，在距离阿卑拉城不远的高加米拉村驻扎。由此爆发了亚历山大东征史上最大的一场战役——高加米拉战役。

在西方战争史上，高加米拉战役被称为改变古代世界局势的“最伟大的一场战役”，这一战的胜利使亚历山大彻底击溃了波斯帝国军队的主力。不久，波斯波利斯陷落。公元前 330 年 3 月，败逃中的大流士三世被随从杀死。亚历山大征服了整个波斯，建立了一个横跨欧亚非三洲的大帝国，定都巴比伦，包括埃及、小亚细亚、腓尼基、巴勒斯坦、叙利亚、巴比伦和波斯在内的广大地域都被划入这个帝国的版图。

亚历山大占领了波斯波利斯，在经过彻夜狂欢之后，他的军队将宫殿付之一炬。随着一把大火，波斯波利斯，这座当年世界上最为豪华的王宫很快化为了砾土和灰烬。据说，在波斯波利斯的珍宝库房，存放着许多金银和珍贵物品。为了运输如此巨额的金银财宝，亚历山大竟调集了 10000 头骡子和 5000 头骆驼。

亚历山大为什么要焚毁波斯波利斯王宫呢？对此，历史学家们众说纷纭，莫衷一是。

古希腊史学家阿里安在《亚历山大远征记》中写道：亚历山大把波斯波利斯王宫烧毁是为了报复。因为“波斯人在雅典曾大肆破坏，烧毁庙宇，对希腊人犯下了数不清的残暴罪行”。

▶亚历山大大帝追歼大流士

▼亚历山大打败了波斯军队，并且后来占领了波斯波利斯。壁画中描述的就是亚历山大和大流士在战场上战斗的情形

▲亚历山大征服波斯后，又先后向中亚和南亚等地方进军，这是他在中亚地区建立的城市遗址

英国著名历史学家赫·乔·韦尔斯在其《世界史纲》中也持亚历山大“把万王之王的伟大的宫殿焚毁，是希腊人对薛西斯焚毁雅典的报复”的观点。

而古罗马史学家普鲁塔克则提出了另一种观点，他认为：亚历山大是在酒后受到雅典名妓泰绮思的挑逗、怂恿而放火烧的。

日本学者大牟田章在他的《亚历山大》中也写道：“亚历山大在一次庆功宴上，喝得酩酊大醉，他的身边坐着一个雅典名妓泰绮思。她对亚历山大开玩笑地说，愿不愿意放一把火，把波斯王宫烧掉？亚历山大一时冲动，真的就放起火来了，一时之间，整个宫殿都陷于一片火海之中……”

而美国学者杜兰·威尔在《世界文明史》中则认为：亚历山大烧毁王宫，是由于他们在沿途看见800个希腊人因为各种原因而被残害，有的砍了腿，有的斩了手，有的被割去耳朵，有的被挖去眼珠，盛怒之下才如此干的。

还有人认为王宫是在亚历山大举行盛大酒宴时，偶然起火而被烧毁的。

以上各种观点，有的有一定道理，有的则只是一种猜测。但由于缺乏确凿的历史记载，波斯波利斯被焚毁的原因至今还未揭开。

值得庆幸的是，波斯波利斯、帕萨加第、苏撒这些波斯帝国的王宫遗址和许多的古代城市一样，在岁月的流逝中始终暴露在地表之上，而不是在地下，这就为后人的考古提供了一定的条件。阿契美尼德时代的铭文大多以古波斯、巴比伦以及新埃兰三种楔形文字刻写，在岩石、建筑物、金银器和印章上都有发现。

塔德木尔城

亚历山大火烧波斯波利斯是一个历史错误。在古代波斯，还有一件类似的悲剧上演，这就是同样被付之一炬的“沙漠新娘”——塔德木尔城。

塔德木尔古城遗址位于叙利亚中部小城巴尔米拉附近。从地中海岸顺着通海油管和公路深入沙漠内陆，东行240公里有个大绿洲，远远就能看到成簇圆形石柱出现在地平线上，这里就是规模壮阔的塔德木尔城遗址所在地。

“塔德木尔”这个地名，最早出现在公元前2000年的石刻上。新石器时代已是人烟稠密之乡。公元前1世纪成了东西商路的要冲。从遗址巨大的宫殿群、凯旋门、剧场和陵墓可以断定这是一个大国的都城。从叙利亚、阿拉伯、希腊、罗马各式建筑风格上，可以想象东西方文化密切交融的程度。

塔德木尔遗址中心的凯旋门，雄踞在“中央大街”上。门呈“山”字形，中间为拱形正门，两边是配门，均以大方石砌成，表面雕饰精美图案。中央大街全长2公里，将城市分为东西两半；街的入口是贝勒神庙，中点为凯旋门，出口为陵墓。大街两侧由400根圆形石柱组成柱廊。每根石柱上部精雕细刻，有长龙般的廊檐偃卧其上；腰部凸出一个小基座，竖立显贵人物的塑像。由于塑像全被洗劫，

▼建造在帕萨尔加德的大流士的墓穴。在他死后，波斯逐步走向衰落

廊檐多处断裂，使这个世界罕见的柱廊大为逊色。

▶波斯国王大流士一世。此为波斯人雕刻的浮雕作品

大街南端的贝勒神庙为全城最大遗迹。它有一个长方形的庭院，四周由两排精美石柱支撑的回廊环成，祭台设在庭院偏中位置（世界所有祭台均设神殿正中，唯此例外）。石柱冠饰本是黄金和赤铜镶嵌的，早被剥光。庙门口保存一组雕像——三名身披拖地斗篷的妇女雍容华贵，仪态万方。贝勒神庙具有崇高权威，因当地人信奉多神教，祀天神、太阳神、月亮神、星神、战神等等，而贝勒神为众神之首。神庙里的祭司不仅负责祭祀活动，还参与城邦的政治社会事务，对国家起着举足轻重的作用。

中央大街左侧有一座圆形剧场，从残基看来，结构严谨，比古罗马、希腊的剧场显得小巧玲珑。城西北小山下，陵墓成群。分地面、地下两种。地面的建成多层塔式，外部加以雕刻、彩绘，每座属于一个家庭或家族所有，其成员死后都葬在同一塔座的不同墓穴里。地下陵墓类似宫殿，显系王族所有，从巧夺天工的雕刻到包罗万象的殉葬品，不难看出死者在世时的穷奢极侈。

据历史记载，公元前1世纪的塔德木尔已是一个享有自治权的城邦，具有国家的职能。它居于东西商路通道上，中国的丝绸、服饰和阿拉伯的香料由此运往西方，西方的玻璃器皿、紫荆由此运往东方。塔德木尔实行固定税率，

▼乌尔王的军旗。（约公元前3500—前3200年）发现于伊拉克，用木版制成。描绘的是乌尔军人的生活情况

▲当年那个宫殿林立，繁荣、发达的塔德木尔城就像迦太基城一样只能看见那些立柱和残破的砖墙了

过境商队均须按章纳税。随着收税和参加贸易，城邦日渐富裕，有了余力建设城市。

塔德木尔不满足于充当商品中转站，市民多参与经商。他们的商队到达罗马、波斯和阿拉伯沿岸，甚至还将商业据点设到西班牙去了。

公元260年，波斯王出兵打败罗马军队，塔德木尔国王乌辛纳趁波斯后方空虚，突袭波斯都城。公元267年，哲诺比亚王后继承丈夫遗志，很快控制了整个叙利亚，扩张到小亚细亚和尼罗河流域，咄咄逼人，俨然中东霸主。罗马皇帝乌尔扬岂能坐视塔德木尔强大，于是组织大军讨伐。城破，王后被俘。据说她戴着黄金制作的脚镣手铐在罗马大街上游行示众，后来死于狱中。城陷一年后，塔德木尔人英勇起义，被罗马占领军残酷镇压下去。罗马人洗城抢掠之后，一把火烧掉了城市。

古代人民的杰作——塔德木尔城，就这样在权势的争夺中化为灰烬了。历史之河奔腾不息，滚滚向前，而这些绝响的文明，在万籁俱寂的荒原上、寸草不生的沙漠里，默默地放射着昔日璀璨夺目的余辉。

▶波斯人制作的浮雕，人物刻画得栩栩如生

摩索拉斯陵墓

▲石刻雕像。刻画的是一个朝拜者，透过人物夸张的眼睛，可以想象那个令人敬畏的神

曾经辉煌的摩索拉斯陵墓以及显赫一时的陵墓主人，虽然名垂青史，但也备受世人与历史的嘲弄，至今其中还包含着许多解不开的谜团。

一提到陵墓，恐怕绝大多数人都会有一种毛骨悚然的感觉。然而人们却禁不住要争先恐后地一睹土耳其的一座远古时代的坟墓。它就是被称为“世界七大奇观”之一的“摩索拉斯陵墓”。

“摩索拉斯陵墓”散发着一种神秘的气息，围绕它流传着许多似是而非的故事。陵墓的主人是古代小亚细亚加里亚国王摩索拉斯（？—公元前 353 年）。加里亚是当时阿那托利高原西南部的一个小国，受波斯帝国的统治。公元前 395 年，摩索拉斯王下令动工兴建自己的陵墓，然而直到公元前 353 年国王驾崩陵墓尚未完工。王后阿尔特米西娅二世继承了摩索拉斯王的未竟事业。公元前 351 年陵墓竣工，他终于可以瞑目了。

这座陵墓刚一建成就声名远扬，让人惊叹不已。古希腊－罗马时代的旅行者安提巴特将其与古埃及的胡夫金字塔相提并论，一起列入“世界七大奇观”之列。即使在其建成 1500 年之后，目睹这一建筑物的拜占庭人、帖撒罗尼迦的优斯塔修斯主教还写道：“摩索拉斯国王的陵墓过去曾是，现在仍是一个真正的奇迹。”

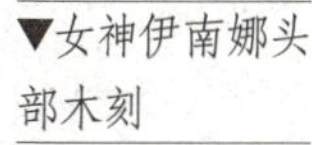

▼女神伊南娜头部木刻

究竟它有什么值得称道之处呢?

这座陵墓是由摩索拉斯委托当时的建筑行业权威萨蒂洛斯和皮塞奥斯为自己修建的，由来自帕罗斯岛的雕饰华丽的白色大理石建成，堪称希腊古典时代晚期陵墓方面最有名的建筑。陵墓是一座神庙风格的建筑物，造型并不完美，但规模十分宏大。整座建筑由三部分组成。底部是高大、近似于方形的台基，高达 19 米，上平面长 39 米，宽 33 米，内有停棺。台基之上竖立着一个由 36 根柱子构成的爱奥尼亚式的珍奇华丽的连拱廊，高 11 米。最上层是拱廊支撑着的金字塔形屋顶，由规则的 24 级台阶构成，有人推测这一数字象征着摩索拉斯的执政年限。

◀墓穴中出土的两件银制品。左为一卵形钵，右为一银钵或灯具

陵墓的顶饰是高达4米的摩索拉斯和王后阿尔特米西娅二世的乘车塑像，驷马战车疾驰如电掣，人物雕像惟妙惟肖，是典型的希腊作品，也是世界艺术史上著名的早期写实肖像雕刻作品之一。就这样，这座底边长约39米、宽33米的长方形陵墓一直向空中延伸至约50米，相当于20层楼的高度。抬头仰望，只见陵墓高耸入云，气势蔚为壮观，犹如悬在空中。有人说，这位太阳神赫利俄斯之子要效法高贵的埃及法老，去触摸太阳。

除了宏伟的外表之外，陵墓内部非常精美的装饰、雕塑和众多的雕像，也为这座宏伟的建筑物增添了不少光彩。史学家认为这些杰作均出自当时著名的艺术家之手，包括斯科巴斯、利俄卡利斯和提摩西阿斯等。内室的三处浮雕装饰尤为引人注目：第一处表现的是马车，第二处是亚马孙族女战士和希腊人作战的情景，第三处是拉皮提人在和半人半马的怪物争斗。由于岁月的侵蚀，如今游人只能欣赏到浮雕中亚马孙族女战士和希腊人作战场景的残片，但管中窥豹，仅此一点就足以令人想象得出这座宏大的纪念性建筑的非凡风貌。

对于这座非凡的摩索拉斯王陵墓，有人极尽赞美之能事，有人则嗤之以鼻。公元前1世纪，罗马作家瓦列里乌斯·马克西莫斯用自己那支犀利的笔，借哲学家第欧根尼之口对摩索拉斯进行了一番“口诛笔伐”。在阴间，一贫如洗的第欧根尼对陵墓主人说：“听着，你有什么可自负的，要拥有比我们大家都优越的地位？”摩索拉斯理直气壮地答道：“首先因为我的统治地位！其次，我很英俊，身材高大，而且身体强壮，适合统率军队。但最重要的还是，我在哈里卡纳苏斯城有一座非常宏伟的陵墓。难道你不认为我有权利为此感到骄傲吗？”第欧根尼不屑一顾地说道：“但是，我最亲爱的朋友，我没有看出你从中获取了什么好处。你不得不承认，由于你躺在这么巨大的一堆石头下面，所以承受着比我

▼胡夫大金字塔

◀陶瓶。制造年代久远，已经有些破损

们更沉重的负担，难道不是这样吗？”

古往今来，历代君王为自己建造辉煌的陵墓以图不朽，早已是司空见惯之举。但摩索拉斯充其量不过只是一个强大的波斯帝国任命的地方长官，为何要建一座只有埃及法老的金字塔才可与之媲美的安息之所呢？

有人对此作出了解释。摩索拉斯虽然在名分上低于波斯帝王一等，但他毕竟是一方之主，即便波斯帝王也要让他三分。况且他又是多么地怀念往昔埃卡多米尼迪王朝的凛凛雄风啊！尽管那已不可挽回地成为过去，但他每时每刻都在告诫自己：我是太阳神之子（尽管没有人这样认为），我不能平庸！然而，他很清楚地知道自己不会在军事上取得卓越成就，也不可能成为杰出的诗人和哲学家而青史留名。为了令别人对他的小国刮目相看，公元前 4 世纪他将都城迁往新建的哈利卡纳苏斯（今土耳其的博德鲁姆），从此地中海岸边的一座美丽城市崛起了。紧接着他又下令在那里修建自己的陵墓，企图进一步展示自己的权力。

▲现存于大英博物馆的一种赌具。是 5000 年前供人们进行二人游戏的娱乐工具

也有人说，这座巨大的坟墓是摩索拉斯与王后阿尔特米西娅爱情的见证。据说，这位王后同时又是他的妹妹（兄妹婚姻大概是加里亚王国的既成传统，以防止王权他落）。两人青梅竹马，感情甚笃，幻想着死后永不分离。摩索拉斯王死后，王后阿尔特米西娅悲痛不已，肝肠寸断。她化悲痛为力量，独立执政并完成了丈夫的遗志。

然而历史对人们的嘲弄始终没有停止。摩索拉斯不仅生前未能亲眼目睹耗尽 24 年心血建造的长眠之所，而且死后也未能如愿地安葬在那座高大雄伟的陵墓里。据说摩索拉斯王死后，深爱他的王后将他的骨头碾磨成粉末，溶解在葡萄酒里供自己饮用。此举对身体有何妙用不得而知，但国王和王后之间纯洁动人的爱情故事无疑因此传说而失色不少。英国考古学家查尔斯·牛顿从 1856 年起便在摩索拉斯陵墓内进行发掘工作，但时至今日，人们仍不清楚摩索拉斯的石棺究竟是在神像室里，还是放在建筑物下面地基内部的墓穴中。或许他真的没有被安葬在里面。

▼美索不达米亚早期的银制花瓶

也有人指出，摩索拉斯陵墓是一座家族的坟墓。这些人猜想，这里可能并不只是一位国王的墓葬，而是为了纪念和缅怀整个埃卡多米尼迪王朝修建的陵墓。新近发现的雕塑又为这个新的推测增添了佐证。这些塑像大体有三种规格：与真人相仿

的自然型、2米左右的英雄型和3米左右的巨型。摩索拉斯和阿尔特米西娅二世（已受损）的雕像属于最后一种；另外10座巨型塑像的残片也被辨认出来了。1966—1977年，一支由土耳其和丹麦联合组成的考古队首次发掘出了陵墓的地下墓室，发现它是由一个位于中央的房间和前面两个门厅构成的。这个墓室并没有和建筑物中心连接在一起，而是位于地基的西北角，入口被一块几吨重的巨石封闭。后来根据进一步调查研究，终于证实了这座陵墓原来是建在直到公元前6世纪还在使用的一片墓地里。这似乎又为上述猜测提供了证据。

令人百思不得其解的另一个问题是，为何将一座陵墓建在生机盎然的地中海城市的中心？对此，有人从古希腊人的价值观角度来解释。在古希腊的文化氛围里，这种坟墓并没有不体面与阴森之嫌。在希腊人看来，死者的世界黑暗而寂静，出没着可怖的幽灵，人死后就会过着暗无天日的生活。解脱之法只有一个：尽可能地为自己赢得死后的荣誉，这样亡灵就会依然存在于活着的人的意识之中；这样才能超越死亡，赋予生命永恒的意义。

▲古代艺术作品。羊是古代美索不达米亚的主要祭品，人们通过一只踏着生命之树的羊，来寓意农作物的丰收

兴许摩索拉斯王就是这样做的，他也的确因此而名垂青史了。然而，他的躯体所依赖之物却在公元15世纪前的一次大地震中受损。但人祸甚于天灾，陵墓最终彻底毁于人类之手。1402年，汪达尔人圣·乔万尼率领的骑兵征服了哈利卡纳苏斯，征服者对于这座异教徒的艺术之殿非但毫无仰慕之情，反而深恶痛绝。1494年，为了加固要塞，统治者们毫不留情地把陵墓当成了采石场，甚至连很小的碎片都被送进了石灰碾磨厂，用于大规模建造他们的堡垒圣·彼得堡。摩索拉斯的陵墓就这样渐渐被毁掉了。所幸有少量浮雕幸免于难，其中包括那件由大理石雕成的亚马孙族女战士的浮雕，现今仍保存在英国博物馆内供人们观瞻。

呼啸而过的历史之风会留住永恒吗？面对摩索拉斯陵墓的残砖碎瓦，不知人们会作何感想；面对褒贬不一的说辞，不知人们会如何评断；面对各种似是而非的断言，不知人们是否期待着谜底的解开。其实，人人心中都有一杆秤。

◀建成于公元前6世纪的巴比伦城的伊丝塔尔城门，上面有各种动物浮雕。不是所有的古迹都能很好地保存下来的

苏撒城：可与宇宙斗富

西亚地区以盛产石油而著称。世界上最早的油井是古波斯首都苏撒附近的阿尔利卡油井，它在2500多年前就已经开始产油。然而，希罗多德所说的“财富”并非指石油。就让我们带着憧憬和好奇走近这座千年古城，揭开它的神秘面纱吧！

伊朗有一座古城，其历史比伊朗国家的历史还要长几千年，它就是苏撒古城。苏撒城距今已有8000多年的历史，大约比伊朗建立的国家要早5000多年。而在此之前，苏撒作为伊朗土著民族埃兰人的都城，又有2000多年之久。苏撒是伊朗文明最早的发祥地，因此在亚洲中东地区出现了一个“怪”现象，即先有城市，后有国家。经过几千年的发展，苏撒城曾辉煌一时，奠定了伊朗文明发展的基石。

关于苏撒城的历史，有许多奇特和神秘之处。苏撒自古是王朝战争的必争之地，因此客观上它也充当了文明传播的“载体”。例如在苏撒城，亚历山大轻而易举地战胜了波斯王大流士，吞并了波斯。

▲埃兰人绘制的日月图。正中是一条长蛇缠绕在世界之树上，太阳和月亮各在一方

埃兰古国在公元前7世纪成为一个军事强国。为了争夺巴比伦这一战略要地，亚述与埃兰战事迭起。自公元前652年起，亚述王率军苦战3年，攻占了巴比伦，征服了阿拉伯。公元前642—前639年，亚述对埃兰发起强大攻势，蹂躏埃兰各地，最后攻入苏撒，洗劫全城。此后埃兰沦为亚述属地。埃兰时期，苏撒是两河流域南部的经济和文化中心，苏撒的宫廷，在城市西北部的卫城内。这座卫城建立在由人工建造的土丘上。它背靠

▲银制品上的埃兰武士图案

卡尔黑河岸，比河岸高出33米，比市内其他地方高出6米，是一座十分坚固的城市。不过，这样坚固的城市最终也没有能够抵挡住亚述人的凶猛进攻。

古波斯帝国建立之前，苏撒就已经成为波斯人的都城。希罗多德之所以将苏撒的财富与“宇宙”相比，也与波斯帝国的开国君主居鲁士有关。居鲁士自称为“宇宙的王，伟大的王，强有力的王，巴比伦的王，……世界四方的王”。后世均称他为“宇宙之王”，足见当时帝国的强盛。作为都城的苏撒，必然是四方财富聚集之地，故有与“宇宙”相媲美的说法。居鲁士大帝时期，苏撒是帝国四大都城（巴比伦、波斯波利斯、埃克巴塔那、苏撒）之一，并开始在城内兴建宫殿。居鲁士帝国充分利用了埃兰人的聪明才智，很长一段时期内继承了埃兰国的统治方式。这是因为埃兰人是伊朗最有文化的民族，波斯人需要埃兰人的才能来帮助他们管理国家。当时政府的行政官吏特别是王室经济管理人员，几乎都是埃兰人，埃兰楔形文字作为官方文字使用了上百年之久，才逐渐被阿拉米文字所取代。

在介绍大流士时期的苏撒王宫建筑之前，有必要整体介绍一下波斯帝国建筑的兼收并蓄风格。波斯人善于借鉴其他民族的思想，这种习惯用专门术语来说就是“折中主义”，这在建筑领域可以一览无余。波斯人模仿盛行于巴比伦尼亚的凸起的平台和阶

▼强大的波斯人最终灭掉了巴比伦王国，这是描绘巴比伦灭亡最后时刻的铜版画

梯状的建筑风格，还仿制了美索不达米亚建筑中的有翼公牛、绚丽多彩的琉璃砖及其他各种装饰色彩。不过，美索不达米亚建筑中惯常采用的拱门和圆顶，却被他们代之以埃及的圆柱和柱廊结构。此外，建筑内部的布局和圆柱基座上的棕榈和莲花图案，显然也受到了埃及风格的影响。最后，波斯建筑圆柱上的凹槽和柱头下方旋涡纹不是埃及风格，而是希腊风格；所依据的不是希腊本土的建筑风格，而是小亚细亚希腊城邦的建筑风格。随着亚历山大的到来，波斯人将直接臣属于来自希腊本土的希腊人，但希腊人也将当即开始从波斯人那里借去不少东西。而大流士的苏撒城正是以上风格的样本。

▲巴比伦路缘石上的图案显示了建筑的精美风格

苏撒的宫廷建筑，是在大流士大帝时全面展开的，他下令建筑苏撒宫廷的命令，一直保留到现在。这个诏令用三种文字（古波斯、埃兰和巴比伦文字）写成，内容如下：“……这就是我在苏撒城建立的宫殿。”其材料来自远方。其地基挖得很深，直达岩层。地基挖好之后，再用碎石填满。部分地基深40埃尔（约合19米），部分深20埃尔。宫殿就建筑在这个地基上。挖地基、填碎石、做砖坯，都是由巴比伦人完成的。

雪松是由黎巴嫩山区运来的。亚述人把它运到巴比伦之后，卡里亚人而后爱奥尼亚人再把它由巴比伦运到苏撒。柚木是由犍陀罗和克尔曼运来的。这里使用的黄金是由萨地斯和巴克特里亚运来的。这里使用的贵重青金石和光玉髓是由索格底安那运来的。这里使用的绿松石是由花剌子模运来的。这里使用的白银和乌木是由埃及运来的。这里使用的装饰宫墙的材料是由爱奥尼亚运来的。这里使用的象牙是由努比亚、信德、阿拉霍西亚运来的。这里使用的石柱是由埃兰阿比拉杜斯地方运来的。那些加工石料的战俘是爱奥尼亚人和萨地斯人。那些制造金器的金匠是米底人和埃

▲亚述古城发掘出来的雕像，人物动作惟妙惟肖

兰人。那些制造木器的人是萨地斯人和埃及人。那些做砖坯的人是巴比伦人。那些装饰宫墙的人是米底人和埃及人。

大流士王说：在萨斯，凡是已经下令要建立的那些雄伟建筑，那些雄伟建筑就建成了。

在这个短短的诏令中，提到宫廷建筑使用的材料来自15个地区，从遥远的中亚和印度，直到埃及和希腊世界。参加宫廷建筑的工匠，至少有五个民族的人，这还不算运送材料的那些地方的居民。明确提到的建筑材料有12种，其中多数来自远方，只有碎石和砖坯大概是就地取材。可以说，为了建造苏撒宫廷，大流士一世几乎动用了当时帝国的全部人力、物力和财力。

苏撒宫廷的建筑工作是由巴比伦人完成的，就因为他们具有丰富的建筑经验，善于

▼大流士为自己建造的宫殿遗址，宫殿墙壁上刻着一队执仗前行的队伍

建筑台基式的雄伟建筑。大流士一世的宫廷，就建筑在巨大的人工台基上，面积约37500平方米，其中有110个房间、走廊和大殿，面积约20000平方米。苏撒宫廷的全貌，今天已无从知晓。现代考古发掘证明，它的雄伟壮丽远胜于大流士一世诏令所说的。仅大流士一世的接见大厅，面积就有10000平方米，大殿的屋顶，由6列高达20米的柱廊撑起，柱廊顶部装饰着牛头。根据最新发现的诏令，这个大厅使用了22个地区的人力、物力和财力才得以建成。

▲古代印度的浮雕像，苏撒的建成也有印度人的一份心血

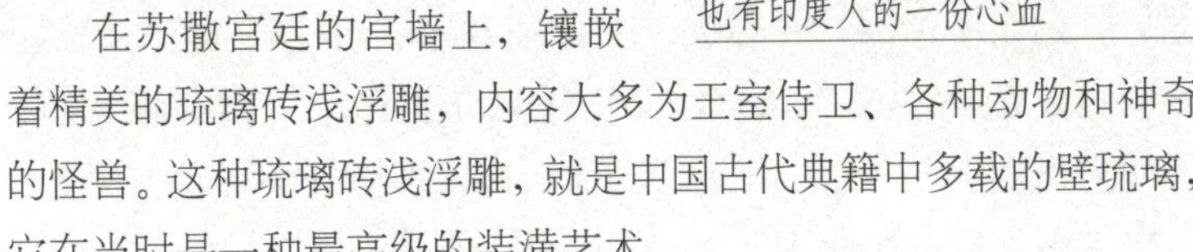

在苏撒宫廷的宫墙上，镶嵌着精美的琉璃砖浅浮雕，内容大多为王室侍卫、各种动物和神奇的怪兽。这种琉璃砖浅浮雕，就是中国古代典籍中多载的壁琉璃，它在当时是一种最高级的装潢艺术。

犹太人以斯贴记载了公元前483年波斯王薛西斯在苏撒王宫举行的一次盛宴，参加者有波斯、米底和各省的权贵、首领：“他为一切首领和大臣摆设宴席，把它荣耀的国家的富足，他美好威严的尊贵，给他们观赏了好几日。他又为所有住在苏撒的大小人民，在王宫的院子里摆设宴席，大吃大喝了7天。有白色、绿色、蓝色的帐篷，用细麻绳、紫色绳从银环内系在白玉石柱上。有金银的床榻，摆在红、白、黑、黄玉石铺成的石地上。用黄金的器皿赐酒，器皿各不相同，御酒很多，足以显示国王的厚谊。”

▲马里出土的小雕像。巴比伦的巧匠使这座宫殿变得金碧辉煌

从他的描述中，我们可以看出苏撒宫廷真可谓极尽豪华。如果他的记载属实，那么，薛西斯的这个宴会，可以算是世界历史上最盛大的宴会。因为当时苏撒宫廷大小官吏不下几万人，全城的老百姓少说也有几十万人。这么多的人在宫廷中大吃大喝一星期，真是前无古人，后无来者，开创了宴会史上的世界之最。

▼波斯人建造宏伟的宫殿，在里边尽情享乐，凸显出统治者的奢华腐朽。图中描绘的是两个宫廷贵人

苏撒宫廷经过大规模扩建之后，一直是古波斯帝国的王宫。国王大部分时间住在苏撒，政府机构也集中在这里办公。波斯帝国的赋税大概也交归苏撒的国库收藏。波斯帝国的税收情况应该与当时的经济发展有关。波斯帝国经济的发展促成了政治上的中央集权制，而且这并不是一个单

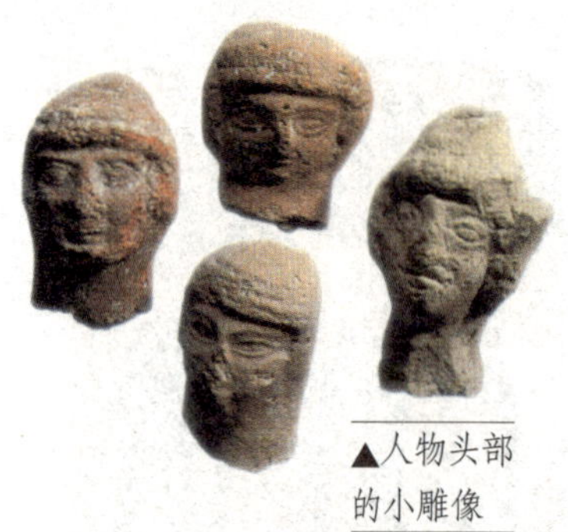

▲人物头部的小雕像

向的过程，后者的建立反过来也促进了前者的发展。为了使陆路和海路的长途贸易得以发展，帝国还建立并维护整个地区的驿道网，为商业的发展提供了便利的条件。例如，波斯帝国修筑的所谓的“御道”，从波斯湾北面的苏撒城向西通到底格里斯河，再由此经叙利亚和小亚细亚，抵达爱琴海沿岸的以弗所，全长2470公里。沿着帝国御道奔驰的政府信使构成了人类最早的“邮政制度”。今天，很少有人知晓美国邮政局的座右铭借用的就是希罗多德对波斯御道上飞驰的信使的赞词：“无论刮风下雨，无论酷暑寒冬，无论夜色多么朦胧，都不能阻止信使们跑完指定的路程。”在波斯帝国的“御道”上，每隔25公里设一驿站，总计有111个驿站，每个驿站附近设有旅馆，备有供宫廷信使调换的马匹。为了确保道路的畅通无阻，沿途有护卫队。信使们每行1～2公里便进行一次传递，这样每天可行300多公里。从苏撒到以弗所商队走完御道的全程得花90天时间，而宫廷信使只需一星期就够了。随着帝国疆域的扩大，从御道上又开辟出几条岔道，向西南通往埃及，向东南通到印度河流域。正是这种“御道”加强了东西交流，促进了双方的经济发展。而“御道”的最终目的地就是苏撒城，足见其当时的经济发展状况非同寻常。

由于帝国的强盛，都城的修建富丽堂皇、颇为壮观，凸显波斯帝国中心区的富庶，因此，在希腊人眼里，苏撒成为世界上最富裕的城市，他们这才发出由衷的感叹：“谁要是占有苏撒的财富，谁就可以与宇宙斗富！”事实上，我们从一组数据中也可以看出波斯帝国重要城市的富庶情况。亚历山大占领行政中心苏撒、故都帕萨家迪后，获得了大量财富。他在波斯所掠夺的财富统计如下：萨地斯城2000塔兰特；大马士革城3000塔兰特；伊萨斯城3000塔兰特；阿柏拉城3500塔兰特；苏撒城40000塔兰特；波斯波利斯城120000塔兰特；厄克巴丹120000塔兰特，总计白银7000余吨。难怪，亚历山大在攻占了一些城市后，遇到的最大难题是不知如何处置宫廷财富。

波斯帝国灭亡之后，苏撒在很长一段时间里仍然是伊朗最重要的城市之一，并且取得了城市自治权。萨珊时期，苏撒居民起义反抗萨珊统治，因而被萨珊国王下令毁灭。苏撒的宫廷和居民住宅一起都被化为瓦砾，掩埋在黄土之下，直至近代才被西方考古学家发现。

▶波斯帝国和苏撒都消失在敌人的枪炮之下

居鲁士王的传奇

可以说，是居鲁士让波斯名垂青史，在他成为波斯的统治者以前即公元前 6 世纪以前，波斯是个什么样子人们无从知晓。而居鲁士在仅有 20 年的短时期里，就控制了波斯邻近的地区，建立了一个庞大的帝国，比以前任何帝国都大。这是一个历史上与众不同的征服者。关于他的生涯的传说也显得扑朔迷离，难辨真假。

公元前 10 世纪左右，有两个说印欧语的部落，来到伊朗高原，一个叫米底，一个叫波斯。公元前 7 世纪米底人脱离了亚述人的统治，建立起王国，定都爱克巴坦那。到了第四代国王阿斯提亚格斯当政时，米底人早已经征服了波斯人，统治了伊朗高原和亚述。

有一天夜里，阿斯提亚格斯梦见自己的女儿曼丹妮撒尿撒成滚滚洪流，不仅淹没了爱克巴坦那城，而且泛滥整个亚洲。国王被吓醒了，叫来会占梦的僧侣。僧侣听后大惊失色，说：“这可是不祥之兆，您的女儿将来有危及国家的危险！”从此，国王阿斯提亚格斯对女儿曼丹妮便怀了戒心。等到女儿长大后，他下令她不准嫁给米底的王公贵族，而把她嫁给一个温顺老实的波斯贵

▼17 世纪描绘居鲁士之死的一幅油画

▲亚述王国的壁画。描述的是亚述武士

族冈比西斯。

曼丹妮嫁出后不出一年，国王阿斯提亚格斯有一天又梦见曼丹妮肚子里长出一枝葡萄藤，逐渐枝叶茂盛，遮住了整个亚洲。醒来后，国王又把那占梦的僧侣召来。那僧侣预言，他女儿的后裔将会取代他成为国王。

阿斯提亚格斯立刻派人去波斯探访，果然公主已经怀孕。他急令公主回宫，派人严加监视，准备等孩子一出世，便立即将他弄死，以除后患。不久，曼丹妮生下一个男婴。这个男婴，就是居鲁士。阿斯提亚格斯一听到消息，便叫来王室总管哈尔帕哥斯，让他把曼丹妮的孩子带出宫杀死埋掉。哈尔帕哥斯没有亲手把这个孩子杀死，而是把孩子交给了国王庄园里的一个叫米特拉达铁斯的奴隶牧人。对他说："国王命令你把这孩子带到山上杀死，不杀死这孩子，你就会去死。"

不知所措的牧人把装着孩子的篮子带回家，他打开蒙着孩子的布，看见里边是一个正在酣睡的可爱男婴，而他的老婆斯巴哥则立刻把孩子抱起来。因为恰巧他们的孩子刚生下就咽了气，她已经将死婴送到山上去了。所以斯巴哥哭着说道："千万别害死这孩子，就把这孩子交我来抚养吧，你用我们死去的孩子交差，这样我们的孩子既会得到王子般的葬礼待遇，而这个孩子也不会丢掉性命。"米特拉达铁斯见妻子这样伤心，便按妻子的话做了。他去山里给死婴换上小居鲁士的衣服，再把他放到带孩子来时用的篮子里。变成了奴隶牧人的儿子的小居鲁士就这么活了下来。

▼精致可爱的狮身青铜雕像。它向人们展示着几千年前一个古老民族的高度的艺术成就

一晃十年过去了，小居鲁士成了个淘气的孩子王。有一天，他和村里的孩子们做游戏，被孩子们推为国王。他就像真的一样发号施令起来。他命令一些孩子为他造小房子，另一些孩子当自己的卫兵，再吩咐一个孩子当国王的密探，另一个当传令官，俨然一副国王的派头。有个孩子是村里米底破落贵族的孩子，不服气奴隶的儿子做国王，同小居鲁士作对。小居鲁士命令"卫兵"把他打了一顿。因为牧人米特拉达铁斯是国王的奴隶，因此小居鲁士自然也是国王的奴隶，那个米底贵族也没有办法处置他，但一

◀描写月神辛和给人们带来灾难的满月的决斗的壁画。狮子代表月亮，左边是昴宿星团，右边是金牛星

直怀恨在心。

有一天，国王阿斯提亚格斯来到这里巡视，听说了这件事，便把居鲁士叫来说："你好大胆，竟敢打贵族的儿子，该当何罪？"小居鲁士一点也不害怕地说："陛下，他是罪有应得。我们村的孩子选我做国王，可他不听我的话，不把我放在眼里，所以我让他受到应得的处分。如果因为这个我受罚的话，我情愿陛下随意处置我。"

▼勇猛的弓箭手，他们训练有素，英勇善战

阿斯提亚格斯听这孩子说话的口气很大，而且长得和自己有些相像，不禁暗暗起疑。再问孩子的岁数，刚好和自己死去的外孙相同。于是便让人把米特拉达铁斯叫到一个密室里，严厉地问道："这孩子是怎么回事？是你的亲儿子吗？"米特拉达铁斯见势不妙，忙将事情的来龙去脉交代得一清二楚。国王听后对哈尔帕哥斯的不忠十分恼火。后来，便让人杀了哈尔帕哥斯的儿子。

之后，国王又叫来占梦的僧侣，问他该如何处置小居鲁士。僧侣眉开眼笑地说："如果这孩子做了一次国王，就不会第二次成为国王了。陛下尽可放心。"国王放心了，便将小居鲁士送回曼丹妮家中，公主和她丈夫自然高兴，连连谢恩。

▼在居鲁士时期，曾经带兵攻打过希腊，这是双方士兵交战的壁画

长大后，居鲁士凭自己的贵族身份，逐渐将波斯十个部落的青壮年贵族团结在他的周围。有一天，居鲁士对这些波斯贵族说："国王让我担任波斯人的领导人，现在每人回家拿上镰刀跟我来做一件事。"大家照他的命令取来镰刀，居鲁士率领他们来到一大片长满荆棘的土地上，让他们在一天之内将荆棘砍尽，开出地来。他们如期干完，但每个人都累得要命。第二天，居鲁士杀掉了家中全部牲畜，

▲17 世纪的油画。最终，巴比伦被居鲁士的波斯帝国消灭了

又拿出酒和许多东西招待昨天的那些人。宴会接近尾声，居鲁士站起来高声问：“今天的感受和昨天的感受相比，你们喜欢哪一种？”大家齐声回答，喜欢第二种。居鲁士又说：“如果你们愿听我的话，就会天天享受这种快乐和幸福，而不会受昨天的苦头。我相信波斯人在任何方面都不比米底人差，凭什么你们该受他们的压迫？你们应毫不犹豫地起来反抗阿斯提亚格斯。”波斯青年人早就心怀怨恨，不满米底统治，于是都愿意跟着居鲁士造反。

阿斯提亚格斯知道这件事情后怒不可遏，下令将那占梦的僧侣处死，然后亲自带兵出城迎战。结果被居鲁士率领的波斯军队打得大败，自己也做了俘虏。波斯军队占领了爱克巴坦那，曾经强大一时的米底王国灭亡了。公元前 550 年，居鲁士成了波斯国王。

不久，居鲁士率领波斯军队又灭亡了吕底亚王国。然后挥师东进，深入中亚，抵达药杀水，并在今天独联体塔吉克共和国境内修筑了边境要塞“居鲁士城”。公元前 539 年，居鲁士下令进攻新巴比伦王的首都巴比伦城。对于这座异常坚固的城，他并没有选择立刻攻城，而是利用城内反对国王的巴比伦贵族掌握的军队，打开了城门，使巴比伦城很快落入他的手中。

只用了十几年时间，居鲁士便灭掉米底、吕底亚、新巴比伦三大王国，降服了犹太、腓尼基，把地中海东岸至中亚的广阔地区、众多民族都统一到波斯帝国之中。进入巴比伦这座当时世界上最繁华的城市之后，居鲁士决定把波斯帝国的首都迁到巴比伦城，并且宣布自己是“宇宙四方之王”。

在占领巴比伦之后，居鲁士又想征服埃及。但是，他想在远征埃及之前，先巩固自己东部的后方。于是，他领兵向里海进军，准备消灭那里的马萨革泰人。在这里，居鲁士被马萨革泰人杀死。他死后，他的儿子冈比西斯成了波斯皇帝。

这就是“宇宙四方之王”居鲁士的传奇一生。

▶居鲁士的墓地

短命的安息帝国

波斯帝国灭亡以后，公元前330—前247年间，伊朗高原先后被亚历山大帝国和塞琉古王朝所统治。接着安息王国兴起于伊朗东北部。

▲人形陶器，岁月的风化使得人们难以辨认他的具体形象

公元前3世纪中叶，一支伊朗语族的帕奈人游牧部落从北方的中亚草原来到这里，和当地人民一同发动了反对塞琉古王朝统治的斗争。正当塞琉古王国与托勒密王国在公元前247年发生纷争之际，帕提亚乘机独立，建立了阿尔萨息王朝，国王是帕奈人的部落首领阿尔萨息。中国史书因其王朝名称而简称之为安息。

安息是奴隶制国家，国王、官僚、贵族占有大片土地，剥削奴隶。奴隶有的来自战俘，也有的因负债而沦为奴隶。另外还有广大村社农民，耕种小块土地，向国家缴纳赋税。

安息地跨中亚和西亚，历时约500年之久，当东西方商道要冲，奴隶制商品货币关系很发达。我国史书曾经记载说它“善市贾，争分铢。”西汉时我国与安息就开始有经济和文化的交流。公元前115年，汉武帝遣使安息，安息使者也“来观汉地，以大鸟卵及犁靬眩人（犁靬即罗马，眩人是魔术师）献于汉”。公元97年，班超遣甘英去罗马帝国，曾到达安息直至波斯湾。当时我国的丝绸和铁制品等畅销于中亚以至罗马等地，杏、桃和甘蔗亦于此时由中国传至伊朗高原。同时，苜蓿、葡萄、石榴和核桃等则从中亚和伊朗等地传入我国。公元148年，安息王子安世高东来洛阳，在翻译佛经方面作出了贡献。以后安息的佛徒仍不断东来。

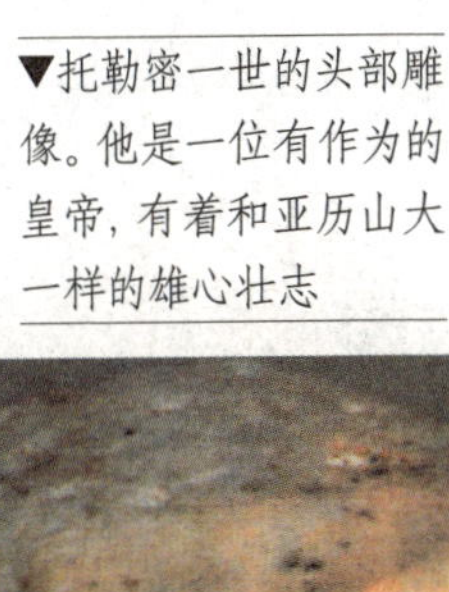

▼托勒密一世的头部雕像。他是一位有作为的皇帝，有着和亚历山大一样的雄心壮志

塞琉古王朝为恢复其统治，于公元前238年数次大举东侵，但因塞琉古王国内部纠纷，安息国家基本得以维持独立。塞琉古王国于公元前192—前189年间，一再受挫于罗马，从此在东部也不可能再有所作为。

于公元前170年即位的安息王密特里达特一世于公元前155年乘此时机向西占领了米底，打开了通往两河流域的道路。底格里斯河上的塞琉西亚也于公元前141

年被密特里达特一世攻占，这是塞琉古王国在两河流域的最主要的城市。接着巴比伦尼亚归入安息版图，塞琉古王朝的势力被赶到幼发拉底河以西。密特里达特一世还向东夺取了大夏的木鹿等重要城市。密特里达特一世将安息扩展为一个东起中亚西南部，西至两河流域的帝国，中间包括伊朗。

公元前 123 年，密特里达特二世即位，他统治初期，阻挡了东方塞种人的西进。据说他使安息帝国东界达到阿姆河一线。密特里达特二世又于公元前 1 世纪初，向西北方面扩展至亚美尼亚。西进中的安息与东进中的罗马不可避免地要发生冲突。

▲西汉的班超曾经多次出使西域，加深了同安息的往来

公元前 64—前 63 年间，罗马灭了塞琉古王国和犹太国，建立了叙利亚省和犹太省，这样就与安息直接地接壤了。公元前 53 年，两军在两河流域北部的草原相遇，安息骑兵猛攻一阵以后就撤退了，随后将一支脱离了主力部队的罗马军队全部歼灭。克拉苏未能攻克亚美尼亚，自己战死，除少数残兵逃回了叙利亚外，大部军队被歼。

▼雕像的纹理清晰，雕工精致，是一件艺术成就非常高的艺术品

公元前 1 世纪，安息联合前来投靠的罗马共和派分子一同攻占了叙利亚、巴勒斯坦等地。作为“后三头”之一的罗马将军安东尼统治罗马东方行省，他于公元前 38 年将双方国界又恢复到幼发拉底河一线。

在公元前 2 世纪至公元前 1 世纪是安息帝国的盛世。安息的疆域包括中亚西南部的大部、伊朗高原和幼发拉底河以东的整个美索不达米亚地区。到公元前 2 世纪末，安息东北部的国界到达阿姆河，以泰西封为都，成为中亚的大国。

▼楔形文字泥板

公元 1 世纪时，安息与罗马基本上处于相持状态。公元 1 世纪末 2 世纪初，安息不断发生内乱，国势衰落。罗马皇帝图拉真于公元 114—116 年间大败安息人，占领了亚美尼亚和两河流域，在那里分别设立行省。但其继位者哈德良就放弃了这些新的行省。公元 161 年，安息王又越过幼发拉底河侵入罗马统治下的叙利亚。后罗马人展开反击，夺取了亚美尼亚，并在公元 164—165 年间占领了两河流域，但仍然没有能守住这些新占领区。

公元 1 世纪时，贵霜国家形成，迫使安息的东北国境退出了阿姆河一线地带。安息帝国在与罗马的长期斗争中严重地削弱了自己的力量。安息统治者内部于公元 3 世纪初又起纠纷，国势越发不振。萨珊朝波斯于公元 226 年灭亡了安息王朝。

▲纪念战功的方尖碑局部浮雕

美索不达米亚历史大事年表

公元前 15000 年 “肥沃月湾”的东方形成“美索不达米亚”（即两河流域）。

公元前 12500 年 “肥沃月湾”的西部，传统村落社会形成。

公元前 9500 年 新石器时代农业萌芽，从事大麦与小麦种植。

公元前 8000 年 新石器时代文化开始。

公元前 7500 年 开始了畜牧活动，使用陶土做成工具，同时也使用石器。

公元前 5000 年 苏美尔人建造了世界上最古老的城市乌鲁克，设立学校和图书馆。

公元前 4500 年 “美索不达米亚”最早的城市埃里都建立。

公元前 3500 年 使用楔形文字，包含五六百个表音符号。

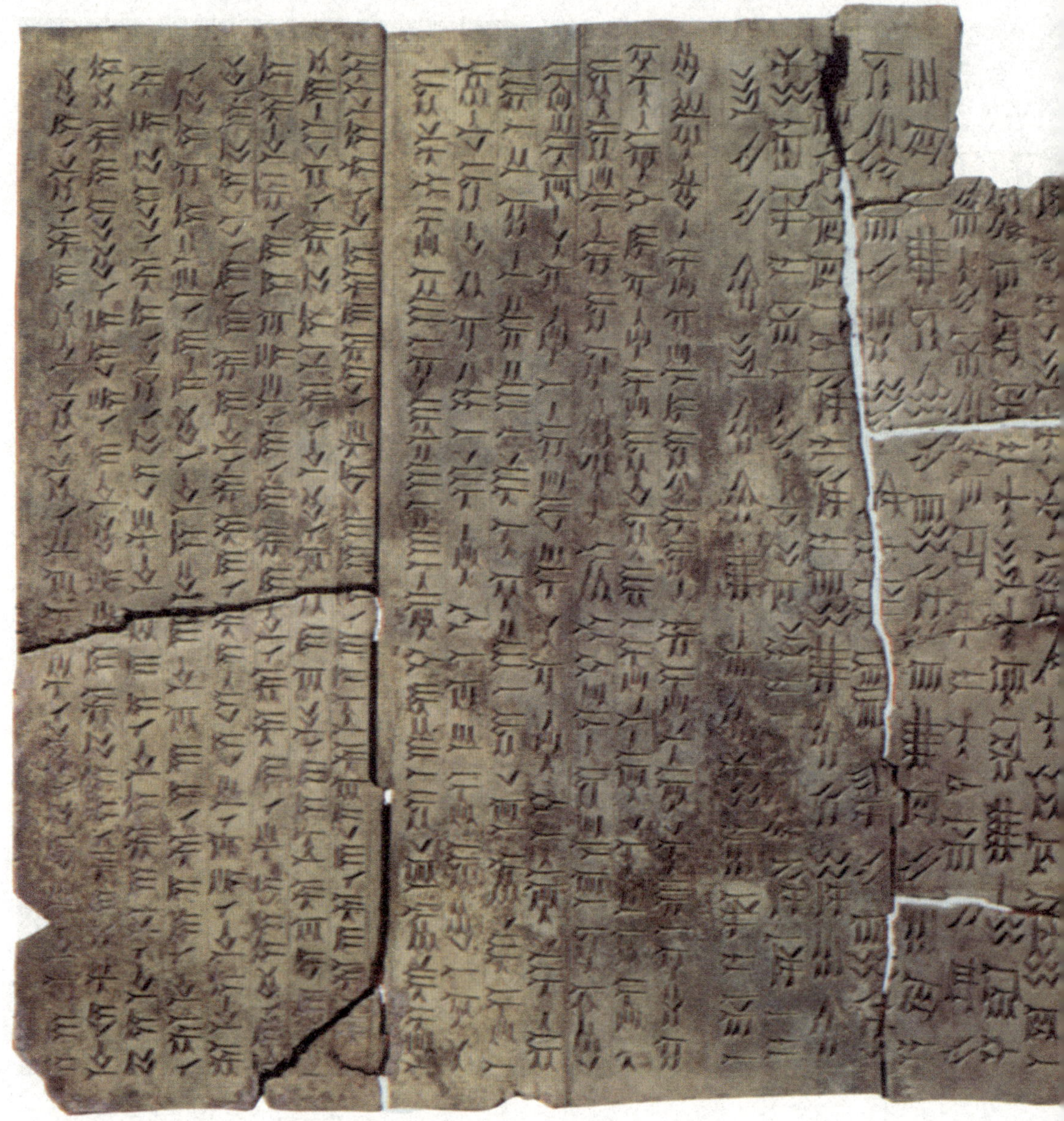

▲大流士一世时的金板，上面用三种文字记载了他的功绩

公元前 3100 年 南方苏美尔人进入城邦时代，主要的城邦有乌鲁克、乌尔等。
公元前 3300 年 商业行为中使用陶球算石、泥板记录、六十进制法，使数字与图像符号结合。
公元前 3000 年 城市纷纷在各地建立起来。
公元前 2900 年 早王朝时代人类第一部史诗“吉尔伽美什”出现。
公元前 2300 年 北方闪族建立阿卡德王朝。
公元前 1900 年 腓尼基人创文字。
公元前 1894 年 阿摩利王朝入主巴比伦，巴比伦第一王朝时期。
公元前 1792 年 汉谟拉比时代，汉谟拉比法典颁行。

▲大流士一世命人在悬崖上挖建了他的墓

公元前 1700 年 使用马匹，两轮战车改变战争形态；腓尼基人开始利用迦南人的文字，此为最早的字母。

公元前 1600 年 爱琴文化达到极盛时代。

公元前 1595 年 巴比伦第三王朝，卡希特人统治时期，巴比伦史上的黑暗时代。

公元前 1400 年 中亚述时期，陶瓷工艺发达。

公元前 1200 年 阿拉姆入侵“美索不达米亚”，混乱时期；希伯来人离开埃及，定居巴勒斯坦。

公元前 1000 年 亚述帝国将版图扩展到地中海东岸地区；希伯来王国建立。

公元前 900 年 亚述帝国达到鼎盛时期，使用大量石材装饰宫殿，成为当时的“世界帝国”

▲艺术家笔下的空中花园

公元前 700 年 在尼尼微城建大图书馆，为世界第一座分类图书馆。
公元前 609 年 新巴比伦灭亚述王国，希伯来人迁往巴比伦，沦为奴隶。
公元前 550 年 波斯帝国兴起，统治“美索不达米亚”与巴比伦。
公元前 500 年 大塔庙（通天塔）埃特梅南奇、空中花园修建。
公元前 331 年 亚历山大大帝征服巴比伦、苏隆、波斯城。
公元前 290 年 亚历山大大帝图书馆建立。
公元前 140 年 楔形文字逐渐消失，希腊文字取而代之。